究極の
中古マンション投資の教科書

安澤誠一郎

住宅新報社

まえがき

　高台の緩やかな坂道に沿って瀟洒なマンションが建ち並ぶ一角に、8階建てのマンションAが立地しています。Aの屋上からは、臨海部の林立するオフィス群の中に36階建てのタワーマンションBが見えます。JRと私鉄の6本が発着する総合駅を挟んで2つのエリアに立地するマンションA・Bは、大型店舗の集積する駅前から徒歩8分に位置しています。2つの中古マンションの72㎡2LDK（南向き）が同時に売りに出されています。北側で地下鉄駅にも近接するAは5階4,000万円、Bは30階6,000万円です。Aは専有部分について8年前にトータル・リフォームをしていますが、築年は40年で、Bは築8年です。

　あなたなら、どちらのマンションを購入しますか。「鉄筋コンクリートのマンションの法定耐用年数は47年、築40年であれば残り7年。旧耐震とすれば地震に対しての安全性も問題だし、割安にみえてもAのリスクは高い。購入するならB」と判断しますか、それとも「法定耐用年数は47年といっても、リニューアル工事をきちんとしていれば、まだ2～30年は使用できるはず。古くても耐震診断の結果、構造的に問題なければ、高台で閑静な高級住宅地のAは割安」と判断しますか。

　2物件で価格水準の異なるケースは、かえって比較が難しくなるのかもしれませんが、私からみるとこの2物件の価格はバランスがとれています。マンションの寿命を法定耐用年数よりも長く65年程度と考え、経年による減価をマンション価格全体で考えずに敷地部分を外して建物だけで減価すると、ほぼお互いに付けた評点が価格差（注）を示すからです。結論は、「どちらの物件を選んでも価格は妥当であり、リスクも均衡している」です。

　土地建物が一体となった複合不動産の価格は、新築→中古→老朽化→取壊しのサイクルで検討することになりますが、区分所有としてのマンションは土地建物がより一体化した空間価値として形成されるために、

中古の期間は土地建物が不可分の価格を形成しています。

建物の老朽化→取壊しになって初めて土地価格が認識されます。最後は土地価格なのですが、取壊し・建替えについては、複数の権利者間の合意形成があるために、他の複合不動産よりもリスクが大きくなります。評価もオフィスや1棟の賃貸レジデンスであれば、新築→中古→老朽化→取壊しまで一貫して収益価格と積算価格ですが、区分所有のマンションの場合には、積算価格→比準価格（賃貸の場合は収益価格）→積算価格と時間軸の中で変化していきます。

投資金額が少なく流動性が比較的大きいので、ワンルームやコンパクトマンションの投資のハードルは低いと考えがちなのですが、マンションの価格には、前記のとおり時間軸の中で評価が変わっていくことと、評価自体にマンションの寿命や経年減価の仕方が確立していないこと、取壊し・建替えという出口の予測が難しいこと、中古にならないと利回り物件にならないことなどの構造的な問題があります。

本書は、まず第Ⅰ章で賃貸と持家の比較をしながら不動産投資の優位性を検討し、第Ⅱ章でマンションの寿命と経年減価を分析しながらマンション価格の構造と問題点を検証し、第Ⅲ章では投資物件購入に際して必要な不動産鑑定評価の手法に基づく簡単な評価方法とその評価に連動する事業収支シミュレーションの方法及びIRRについて、第Ⅳ章では東京圏における人口減少の影響を分析し投資物件選定について、解説します。

30歳代前半までは一般鑑定評価を、30歳代後半から生命保険会社に転職し不動産投資を、その後鑑定の世界に戻って不動産証券化の評価と不動産コンサルティングというのが、私のキャリアです。

本書のマンション投資（購入）の評価方法と事業収支モデルは、長いキャリアの中で身につけた不動産投資分析の方法と不動産鑑定評価に基

づいたものです。マンション購入のコンサルに際してお客様にご理解をいただけたことから、マンションの寿命・建替え・人口減少・地縁的選好性等の分析を併せて、今回1冊の本にいたしました。

　表面利回りと出口のない事業収支シミュレーションだけで不動産投資の判断をするのはリスクが高すぎます。また、収益価格や積算価格の仕組み、合理的なマンションの寿命と経年減価に基づく試算を理解していただくことで、投資だけではなく、マイホームやセカンドハウスのマンション購入判断の参考にもなるものと考えております。

　（注）本文第Ⅲ章マンション投資の判断基準1.(2)④C.の注記に記載してあります。

2013年8月　　安澤誠一郎

目次

まえがき ———————————————————— i

第Ⅰ章 不動産投資（購入）の経済的優位性
（資産価値形成についての検証）

1. 不動産投資 ———————————————————— 2
(1) 資産運用 ———————————————————— 2
(2) 不動産投資 ———————————————————— 5

2. 不動産投資（購入）の経済的優位性 ———————— 9
(1) 持家と賃貸の資産比較シミュレーション ———————— 10
(2) 総支払額と賃料の関係 ———————————————— 12
(3) 投資としての優位性 ———————————————— 14

第Ⅱ章 マンションの特質と価格の構造

1. マンションの寿命 ———————————————— 20
(1) 寿命（使用期間）の実態 ———————————————— 21

(2) 物理的な寿命	23
① 物理的耐用年数	23
② 耐震性	24
③ 地震リスク	26
④ 地盤等の問題	27
(3) 評価と投資判断における物差しの変化	29
(4) 建替えの合意形成の問題	31
① 建替え決議	31
② 建替え促進の方針	32
(5) 定期借地権付マンション	33
(6) 結論	35

2. 区分所有 ——————————— 38

(1) マンションの権利区分	38
① 専有部分	40
② 専用使用権	40
③ 共用部分	41
④ 敷地	41
(2) 管理	41
(3) 合意形成の問題	44

3. マンション価格の構造 — 46
(1) 経年減価 — 46
　① 新築時の分譲価格 — 48
　② 使用期間中の価格 — 51
　③ 出口価格 — 53
　④ 問題点 — 54
(2) 住宅（自用）と投資（賃貸）の価格差の問題 — 54
(3) マンション敷地価格 — 55
(4) マンション開発に伴う経費と利益 — 60

第Ⅲ章　マンション投資の判断基準

1. 評価 — 64
(1) 評価シート — 64
(2) 不動産鑑定評価によるマンション評価 — 68
　① 区分所有建物及びその敷地 — 68
　② 積算価格（原価法） — 71
　　A．再調達原価 — 72
　　B．減価修正 — 72

③ 収益還元法（収益価格） ─── 75
　Ａ．キャップレートの査定 ─── 75
　　ａ．標準的キャッシュフローの査定 ─── 78
　　ｂ．取引利回りとしてのキャップレート ─── 79
　Ｂ．収益価格の仕組み ─── 79
　　ａ．純収益 ─── 81
　　ｂ．還元利回り ─── 83
④ 取引事例比較法（比準価格） ─── 84
　Ａ．取引価格と価格形成要因 ─── 84
　Ｂ．比準価格の仕組み ─── 90
　Ｃ．売出価格の検証 ─── 93
⑤ マンション敷地の更地価格を求める開発法 ─── 98
⑥ 現地調査・内覧による評価 ─── 100
　Ａ．現地調査・内覧 ─── 100
　Ｂ．現地調査・内覧による評価 ─── 104

2．事業収支シミュレーション ─── 107
（1）コンパクトマンション事業収支 ─── 107
　① 賃貸条件とリニューアル費用の査定 ─── 108
　② イニシャルコストの査定 ─── 110
　③ ランニングコストの査定 ─── 111
　④ ローン条件 ─── 112

目次

- ⑤ キャッシュフロー設定 ———————————— 113
- ⑥ キャッシュフローリスト ———————————— 114
- ⑦ 損益計算書 ———————————————————— 117
- ⑧ 収支分析 ————————————————————— 122
  - A．営業（賃貸収支）キャッシュフロー ———— 122
  - B．投資キャッシュフロー ————————————— 123
- ⑨ IRR（注）査定 ——————————————————— 126

第Ⅳ章 投資マンションの選定

1．東京圏の人口動態 ———————————————— 129
- (1) 人口減少と高齢化 ——————————————— 129
- (2) 世帯の変化 —————————————————— 139
- (3) 都心回帰 ——————————————————— 141
  - ① バブル崩壊後の都心回帰 ————————— 141
  - ② 人口減少による都心回帰 ————————— 142

2．投資対象としてのマンション ———————————— 144
- (1) 住居系の不動産投資 ————————————— 144
- (2) マンション投資 ———————————————— 146
  - ① マンション区分 ————————————————— 146

目次

　② マンションタイプ別の投資物件としてのポイント ── 147
　③ ワンルームとコンパクト ── 149
　④ マンション投資の問題 ── 152

3. 投資マンション選択のプロセス ── 154
(1) 立地分析 ── 155
　① エリア立地 ── 155
　　A. ビジネスゾーンへの時間距離 ── 155
　　B. 地縁的選好性 ── 157
　　C. エリア比較 ── 163
　　　a. ファミリー ── 163
　　　b. ワンルーム ── 166
　② エリア内立地 ── 170
　　A. 最寄駅への所要時間 ── 171
　　B. 利便施設と環境 ── 173
　　C. エリア内立地（結論） ── 174
　③ 建物内覧 ── 175
　　A. 敷地と建物外観 ── 176
　　B. 建物共用部分 ── 177
　　C. 専有部分 ── 177

あとがき ── 178

第Ⅰ章

不動産投資(購入)の経済的優位性
資産価値形成についての検証

1. 不動産投資

(1) 資産運用

　年金については、少子高齢化を背景に現役世代と受給者世代の割合が逆転することで、保険料収入と給付額のバランスが崩れて年金財政が悪化するために、その対策として給付開始年齢の引上げや給付額の削減などが行われようとしています。

　ただし、年金積立金の運用パフォーマンスが低迷しており、不足額は拡大しています。公的年金に期待できないのであれば、リタイアしてからの不足分を補うためには資産運用をして確保せざるを得ないことになりますが、株式も過去のトレンドからリスクが高いこともあって運用が難しく、元本を減らさないためには預金重視にならざるを得ないような状況が続いています。しかし、低金利下では結局利子分だけでは不足分を補填できないので、元本を取り崩すことになってしまいます。

　株式は短期的に価格の上昇下降のサイクルを繰り返すボラティリティが大きい資産ですが、日経平均を後記の長期チャートでみると右下がりのトレンドになっています。短期の転売の繰り返しでキャピタルゲインを得ることもできますが、リスクも大きくなります。日経平均の平均配当利回りは2％弱ですが、ボラティリティが大きいので長期安定を目的とする年金運用は難しくなります。

日経平均長期チャート（ゴールデン・チャート HP より抜粋）

　10年国債は0.5～1.5％のレンジでここ10年間推移しています。現在の普通預金金利は、0.02％、大手都市銀行の1年定期で0.03％程度です。金利上昇の気配もありますが、定期預金が1％を超えてくるような水準は考えにくい状況です。

10年国債の利回りの推移（三井住友銀行・マーケット情報チャート）

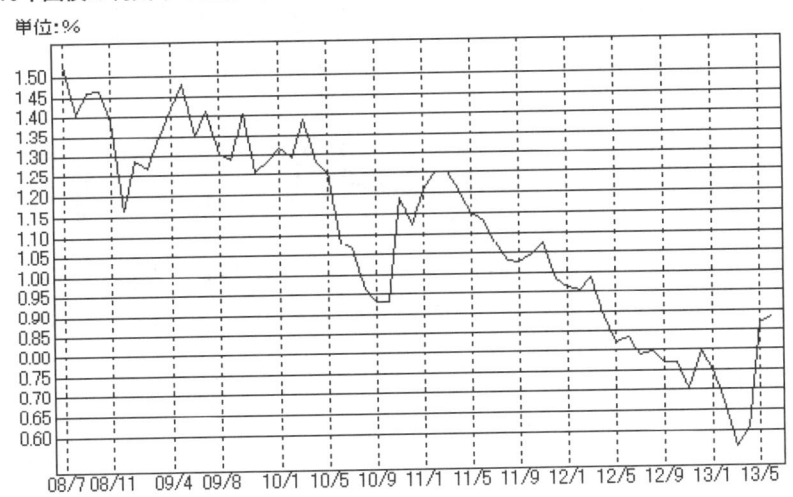

12年前に始まったリート（不動産投資信託）の投資口価格は、不動産証券化市場の拡大に合わせて上昇を続け、リーマン・ショック直後に急落しましたが、今は持ち直しています。スタート時は安定的な５％程度のインカムにより個人年金向けのミドルリスク・ミドルリターンの金融商品としてリート（不動産投資信託）は位置づけられていましたが、株式に準じた金融商品として機能しボラティリティが大きくなっています。

　リートは流動性のある金融商品なので、裏付けとなる不動産の価格変動とは異なった価格変動をします。リーマン・ショック前後には、リート価格が上がったので不動産価格が後追いで上がり、リート価格が下がったので不動産価格が下がるような傾向がみられました。個人年金にするには、下落しきったところで購入し長期保有すればいいのですが、ボラティリティのリスクと実物の不動産投資と異なった価格変動をするせいでしょうか、個人投資家のシェアは上がっていません。また、不動産証券化商品を上場しないでプライベイトファンドとして運用する年金ファンドも多くなっています。

東証リート指数チャート（ゴールデン・チャートHPより抜粋）

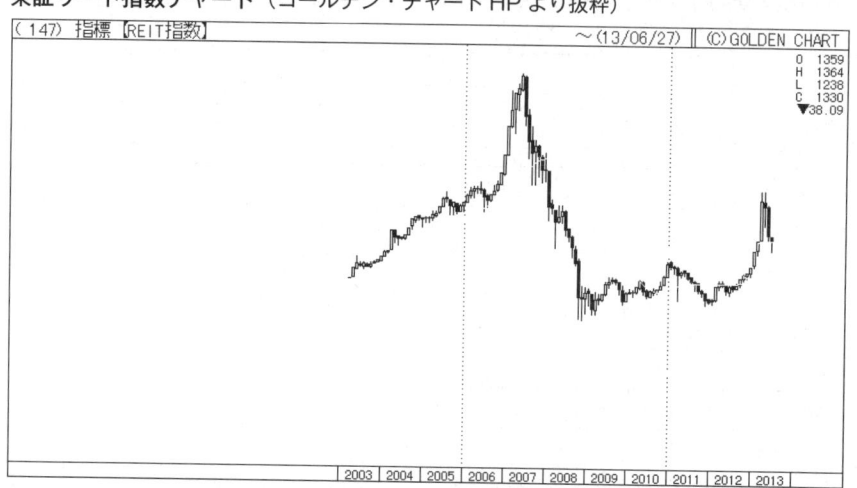

デフレには現金といわれていますが、低金利の長期化により運用難というマイナス面が大きくなっています。それをカバーする商品として、低金利を生かし、レバレッジの効く不動産を証券化商品とするリートができましたが、価格変動が小さく、安定的な配当が持続するという機能は発揮されないでいます。

(2) 不動産投資

　不動産が他の資産よりも投資（購入）の面で優位性があるのは、土地は半永久的に使用のできる資産であり、建物の経年減価はあるにしても計画的なリニューアルにより50年以上、耐震等に問題がなければ100年超の使用も可能なことから、担保を設定することで購入価額の相当の割合を長期返済の他人資本（ローン）で賄う（レバレッジ）ことができるからです。

　ローンにより少ない自己資金で高額（注）の不動産を購入し、ローンは賃貸事業のキャッシュフローの中で長期にわたって返済していくという投資になります。返済に余裕を持たせられるかどうかは投資利回りと借入金利の差によります。借入金利よりも投資利回りが高い場合には長期保有はできません。

　不動産投資はインカムゲイン（賃貸収入）とキャピタルゲイン（転売益）の2つの利益から成り立っています。収益を決めるのは利回りと賃料です。利回りは金利と投資マインドの変化によって変動します。利回り低下による価格上昇の波に乗って売却し、キャピタルゲイン（転売益）を得ることも可能ですが、利回りによる価格変動は短期的です。不動産投資の基本はインカムゲイン（賃貸収入）による長期投資です。賃料が底上げした場合の価格上昇は長期間続きます。不動産価格が高騰し売り時と判断すれば短期転売もありますが、株式とは違って原則は長期保有です。金利差があってインカムゲイン（賃貸収入）が安定していれ

ば、出口で転売価格がある程度下落しても、一定のパフォーマンスを上げることができます。金利はコストですが、元本の返済分は借入金が不動産に変換していくので、資産が増加していくということになります。自己資金を少なく借入金の比率を上げると増加する資産が増えるのでパフォーマンスはさらによくなります。ただし、期中で金利が上昇するとリスクが表面化します。

(注) 不動産は土地と建物で構成され、居住、産業、交通、都市、その他あらゆるサービスの物理的な基盤です。人口と産業を集中させる大都市では高度利用が進むことで不動産価格は高額となり、高度商業地域で建物の高度利用が可能な土地は単価で1,000万円/㎡を超え、大型超高層ビルであれば1棟とその敷地は1,000億円を超えます。住宅地も居住人口の集中により、高度利用され中心部へ集積するオフィス・店舗・官公庁・学校等へのアクセスを基準にして地価が形成され、地価は商業地に次いで高額になります。個人では高度商業地のオフィスやそこに近接する住宅地に1棟のマンションを購入するのは難しくても、マンションの1室なら購入できます。ただし、土地は半永久的に建物も長期間使用できますが、災害により物理的な消滅や使用ができなくなる可能性もあり、一方で長い時間の経過の中で人口増減や都市機能の変化により経済価値が変化していきます。

(東京圏の地価動向)

バブル崩壊後は地方都市では人口減少と産業の空洞化等を受けて下落基調が長期にわたって続いています。次のグラフⅠのように地価を30年超の長期スパンでグラフ化すると、東京圏の地価もまだピーク時の20～45％の水準にあり、右下がりのトレンドが気になります。

しかし、バブルの異常な水膨れ分の訂正はすでに終わっており、グラフⅡのスコープの部分、ここ10年の地価上昇と下落は景気の影響を受け

て形成されたものです。

　日本経済は停滞気味なので、東京圏の地価はこのボックス型の上昇下落を繰り替しながら長期的には横ばいを続けていくことになりそうですが、20〜30年後には人口減少化による影響が東京でも本格化するので、長期的には横ばいから再び右下がりに転じるのかもしれません。ただし、この間に日本経済が活性化され、東京へ「情報」「人」の集積・集中が起こると、横ばいから右上がりへトレンドが変わります。

グラフⅠ「東京圏における累積地価変動率」

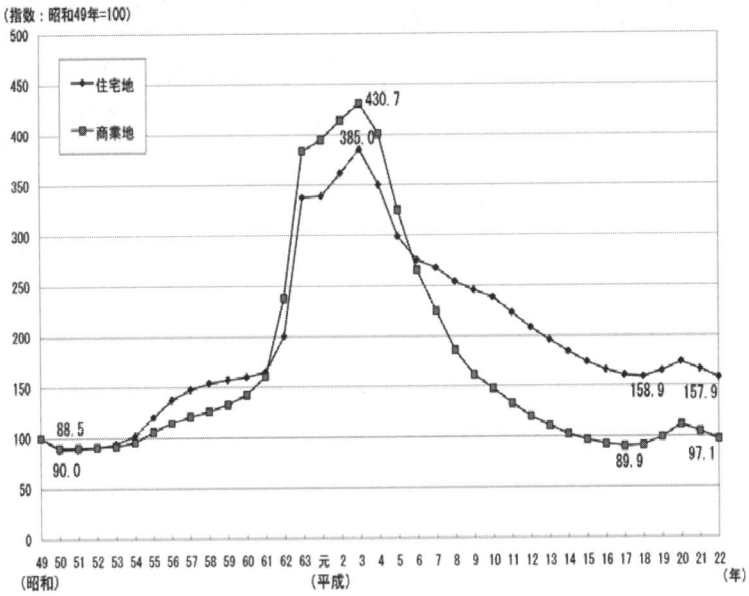

グラフⅡ「東京圏における地価の変動率」

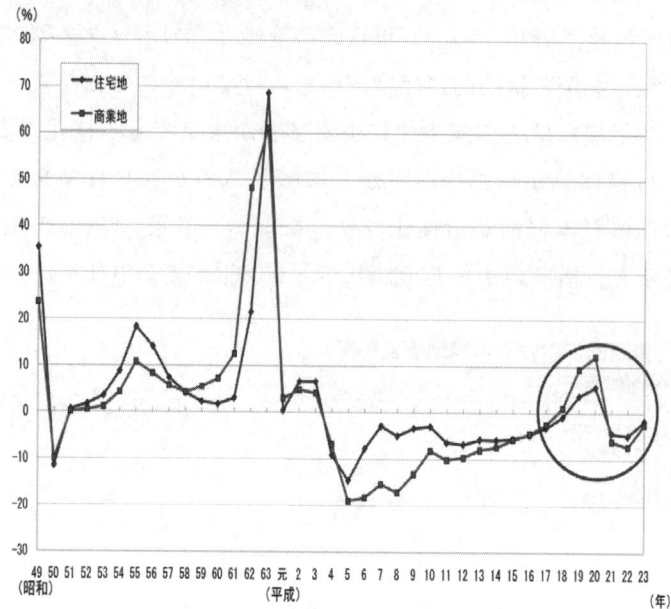

2. 不動産投資（購入）の経済的優位性

> 　マイホームを持つ世帯の比率が上昇している。総務省が2013年3月15日に発表した家計調査によると、12年は2人以上の世帯の持ち家率が81.4％と、前年から2.5ポイント増えて、4年ぶりに過去最高を更新した。とくに低所得層で増えている。住宅価格が下がっていることや金融機関の住宅ローン金利が低水準にあることが追い風になっているとみられる。

　新聞記事では持家率が上がったと読み取れますが、実態はリタイアして年金受給により低所得になった高齢者の住宅購入による増加で、30歳代・40歳代のマイホーム購入者の割合は減少しています。

　バブルの異常な水膨れ分の訂正はすでに終わっていますが、今はピーク時の20～45％の水準です。一方で、地方都市や大都市郊外では景気停滞・産業の空洞化・人口減少等により地価下落が緩やかに進み、空家も増加の一途です。若い世代が持家よりも賃貸と考えるのは当然かもしれません。

　いまさらというテーマですが、賃貸と持家について資産形成上どちらが優位なのか、同じタイプのマンションを賃貸する場合と、ローンを使って購入するケースを想定し、切り口の違うシミュレーションにより検証します。

（1）持家と賃貸の資産比較シミュレーション

マンションは経年による建物減価が発生するので、地価上昇がない限り年々経年減価分だけ下落する資産になりますが、ローンによる効果も検討しながら賃貸と持家のシミュレーションをします。

ストーリーの前提	
賃貸派X	Xはマンション（1室）を賃借し月額17万円の賃料を支払います。現在1,000万円の預金があります。
持家派Y	Yは1,000万円の預金を頭金にしてXの借りたマンション（1室）の隣の同じタイプのマンション（1室）を同時期に購入し引っ越してきます。ローンの元利均等支払い額とマンション維持の費用を併せると17万円となり、賃料と同額になります。
マンション価格	築10年のマンション（1室）の価格は4,000万円（取得費用含む）で、ローン完済時（30年後）には建物劣化等による市場性減価により、30～50％下落するものとします。
マンション維持費	Yの負担する管理費・修繕積立金・公租公課・保険料、それに将来発生する専有部分のリニューアル費用の積立金を併せて月額51,464円とします。Xは賃料の中に含まれているので負担はありません。
マンション賃料	Xの支払う賃料は、30年間月額17万円とします。長期の賃貸であれば通常仕上げ・設備は劣化しますが、オーナー負担で品質を維持してくれるものとします。
ローン	固定2.5％・返済期間30年・元利均等償還・賞与月支払なし、月額返済額　118,536円。
預金利率	預金金利は30年間の平均的な利率として1.5％とします。

上記のシミュレーションの結果は次の表のとおりです。

シミュレーション1：ローン金利2.5%　預金金利1.5%

賃貸派X			持家派Y			差引(Y−X)
定期預金	1,000万円		自己資金	1,000万円		
賃料(円)	月額	170,000	ローン(円)	月額	118,536	
	年額	2,040,000		年額	1,422,432	
				全返済額	42,672,960	
	支払額	61,200,000		元本	30,000,000	
				金利	12,672,960	
				支払額	42,672,960	
維持費(円)	月額	0	維持費(円)	月額	51,464	
	支払額	0		支払額	18,527,040	
総支払額(円)		61,200,000	総支払額(円)		61,200,000	0
30年後の資産(円)	預金	15,630,802	30年後の資産(円)	預金	0	
	マンション	0		マンション(−30%)	28,000,000	
	総資産	15,630,802		総資産	28,000,000	12,369,198
30年後の資産(円)	預金	15,630,802	30年後の資産(円)	預金	0	
	マンション	0		マンション(−50%)	20,000,000	
	総資産	15,630,802		総資産	20,000,000	4,369,198

　結論としては、30年後にマンション価格が30％下落しても、持家派Yのほうが賃貸派Xより1,200万円資産額が多くなり、50％下落でも持家派Yのほうが400万円多くなります。ただし、このように不動産価格が30〜50％下落しても、不動産を取得するほうが資産運用の面でプラスに働くのは、低金利という面もあります。

シミュレーション2：ローン金利3.5%　預金金利2.5%

賃貸派X			持家派Y			差引(Y−X)
定期預金	1000万円		自己資金	1000万円		
賃料(円)	月額	170,000	ローン(円)	月額	134,713	
	年額	2,040,000		年額	1,616,556	
				全返済額	48,496,680	
	支払額	61,200,000		元本	30,000,000	
				金利	18,496,680	
				支払額	48,496,680	
維持費(円)	月額	0	維持費(円)	月額	51,464	
	支払額	0		支払額	18,527,040	
総支払額(円)		61,200,000	総支払額(円)		67,023,720	−5,823,720
30年後の資産(円)	預金	20,975,676	30年後の資産(円)	預金持出(Y−X)	−5,823,720	
	マンション	0		マンション(−30%)	28,000,000	
	総資産	20,975,676		総資産	22,176,280	1,200,604
30年後の資産(円)	預金	20,975,676	30年後の資産(円)	預金持出(Y−X)	−5,823,720	
	マンション	0		マンション(−50%)	20,000,000	
	総資産	20,975,676		総資産	14,176,280	−6,799,396

　金利が1％上がると、家賃＝ローン返済額＋維持費という構図は崩れます。上表の場合には30年後にマンション価格が30％下落しても、持家派Yのほうが賃貸派Xより120万円資産額は多いものの、50％下落では逆転し賃貸派Xのほうの預金が680万円多くなります。こう見ると金利3.5％がポイントでしょうか。

　しかし、後述のとおりマンションの物理的寿命については法定耐用年

数の47年では短く、65年程度と推定されます。そう考えるとローンの完済時で築40年、残り7年しか使用できないというのは経済合理性を欠きます。寿命を65年程度で考えると、このシミュレーションでは、ローンの完済時で築40年なら、その後も25年程度は継続使用ができることになります。しかし、Yのローン完済後も賃貸派Xは引き続き賃貸のままなので、17万円の家賃を支払い続けることになります。ここからは両者の間に生活費の面でも大きく差がつくことになります。持家派Yは専有部分のリニューアル費用の積立金を入れても、月額の維持費51,500円だけで済みますが、賃貸派は118,500円（＝170,000円－51,500円）だけ負担額が大きくなります。公的年金だけでは生活水準の維持が難しくなるのに、賃料負担があるのではさらに厳しくなります。

（2） 総支払額と賃料の関係

(単位：円)

金利	自己資金($a1$)	ローン返済額($a2$)	維持費用($a3$)	30年間の総支払額($a=a1+a2+a3$)	賃料年額($β$)	賃料相当($a/β$)	$β×(a/β-30)$
	40,000,000	0	18,527,040	58,527,040	2,040,000	28.7	-2,672,960
2.50%	10,000,000	42,672,960	18,527,040	71,200,000	2,040,000	34.9	10,000,000
3.50%	10,000,000	48,496,680	18,527,040	77,023,720	2,040,000	37.8	15,823,720
4.50%	10,000,000	54,721,800	18,527,040	83,248,840	2,040,000	40.8	22,048,840
5.50%	10,000,000	61,320,960	18,527,040	89,848,000	2,040,000	44.0	28,648,000
6.50%	10,000,000	67,723,200	18,527,040	96,250,240	2,040,000	47.2	35,050,240
7.50%	10,000,000	75,515,040	18,527,040	104,042,080	2,040,000	51.0	42,842,080
10.00%	10,000,000	94,777,560	18,527,040	123,304,600	2,040,000	60.4	62,104,600

　持家派Yはローンによって元本である不動産を分割して購入し、返済により現金から不動産に資産を変換したことになりますが、見方を変えてマンション購入の自己資金・ローン返済額・維持費用を含めた支払総額が、年額204万円（月額賃料17万円）の何年分の賃料に相当するのかを算出してみると上表のようになります。全額自己資金で購入代金を支払った場合には、約29年分の賃料を前払い（注1）することでマンショ

ンを購入できたともいえます。一方賃貸派Xは30年間に30年分の賃料を支払わなければなりません。約1年分賃料を多く支払い、31年目からはマンションを所有していないので、さらに賃料を払い続けることになります。

このように金利ゼロで比較すると圧倒的に持家派Yが有利です。ローンを使って購入した場合も、シミュレーション1では現行の金利水準である2.5％ですが、35年分の賃料を前払いすることで、マンションを購入できることになります。賃貸派よりも約5年分の賃料（1,000万円）を多く支払っただけで、マンションを所有できることになります。マンションの寿命を65年と考えると、購入したのは築10年のマンションですから、30年でローン完済しても残りの25年分については賃料なしで維持費用の負担（注2）だけで使用できますし、25年後に65年を経て寿命により取壊しになっても、敷地の持分価格としての元本も残ります。金利2.5％では、やはり持家派が圧倒的有利なのは明らかです。

P.11の表の持家派Yの30年間の支払総額と同じく賃貸派Xの30年分の賃料総額との差額（$\beta \times (a/\beta - 30)$）とにより、金利2.5％から1％刻みで測定すると、6.5％でようやく3,500万円となります。この3,500万円は、マンションの寿命を65年として、ローン完了時から25年間賃貸派が支払う実質賃料の総額3,300万円（注2）とバランスしています。もちろん、持家派Yは寿命がきて取壊しになっても、敷地の持分を保有しておりトータルでは賃貸派Xよりもその分資産は多いので優位です。また、インフレにより持分の評価が上昇したり、建物の寿命が65年を超えてくると、持家派Yのほうが金利6.5％をはるかに超えてもシミュレーション上は優位です。ちなみにローン金利が10％になると、25年間賃貸派が支払う実質賃料の総額3,300万円に対して、持家派Yの30年間の支払総額から30年分の賃料総額を控除した差額（$\beta \times (a/\beta - 30)$）は6,210万円となり、この水準まで来ると賃貸派Xのほうが優位になってきます。

このシミュレーションは、自宅として購入したマンションが元本で購入時点から果実としてのみなし賃料が発生しているものとして、そのみなし賃料をローン返済の原資にしているという構造を示しています。金利が上昇すると賃貸派が優位と考えがちですが、マンションの寿命がローンの支払期間よりも、さらに会計税務上の法定耐用年数よりも長いという条件で組み立てると、自宅を所有して長い期間みなし賃料を享受することができるので、10％程度までは所有するほうが優位となります。また、元本である不動産価格については、将来のローン完済時までの下落（30年で－30～50％）を織り込んでいます。また、ローン完済時以降の下落については、ここでは考慮しておりませんが、新築から40年程度の中古マンションの価格は、敷地の持分価格から取壊し費用を控除した価格水準と近似することもあるので、ここではカウントしていません。

昭和の時代はインフレ基調で元本としての土地価格が上昇し続けたので不動産の利回りは預金金利やローン金利も低く推移しましたが、平成に入ってからは金利よりも高い水準で推移しています。

（注１）維持費の61万8千円（年額）は前払いではなく使用期間中に支払います。

（注２）30年後の賃料も17万円として横ばいで推移することを前提にします。賃料年額は204万円となり、持家派との差額は204万円－61万8千円の年額142万2千円で賃貸派とは25年間で3,555万円分負担が軽減します。

（3）投資としての優位性

今度は中古マンションのマイホーム購入を投資に見立ててシミュレーションをします。築20年の中古マンション購入金額2,790万円にイニシャルコストを含めて3,000万円とし、自己資金1,000万円と固定金利２％・期間20年のローン2,000万円により購入するものとし、20年後ロー

ン完済と同時に売却する場合の収益性を求めるものとします。20年後の出口価格については2,000万円（購入価格の約28.3%ダウン）と想定します。

投資額と出口価格の想定　　　　　　　　　　　　　　（単位：円）

購入価額	27,900,000	出口価額	20,000,000
イニシャルコスト	2,100,000	出口コスト	0
ローン	-20,000,000	ローン	0
計（自己資本）	10,000,000	計（X）	20,000,000

イニシャルコスト　　（単位：円）

登録免許税	360,000
不動産取得税	350,000
印紙税	40,000
ローン費用	410,000
登記費用等	100,000
仲介手数料	840,000
計	2,100,000

年間収支（キャッシュフロー）　　　　　　　　　（単位：円）

収入	2,040,000	月額170,000
支出		
管理費	192,000	月額 16,000
修繕積立金	120,000	月額 10,000
固定資産税等	150,000	
損害保険料	0	
専有部分修繕積立	162,000	
計	624,000	
ローン返済額	1,214,120	(24,282,400)
純収入	201,880	(4,037,600) … (Y)

期間中の見込みの賃貸収入からローン返済額等の支出を控除した残りの純収益201,880円の20年間合計の（Y）400万円と、約30％ダウンの出口価格（X）2,000万円の合計約2,400万円が、自己資本1,000万円に対するパフォーマンスになります。この結果は、
　○預金金利と比べて不動産のインカムの投資利回りが高い
　○不動産は元本価値が確定していることでローンが使える
　○賃貸収入の一部をローンの返済に充てることができる
という不動産投資の優位性によるものです。低金利で資産運用に悩むこの時代、元本がある程度下落してもリターンを確保できるというのが不動産投資の魅力になります。もちろん地価上昇等によりマンションの経年減価分を差し引いても出口価格の上昇が起こるとすれば、上記以上のパフォーマンスになります。また、実際はマイホームの取得なので、所得税・住民税の課税対象になりませんし、ローンの金利もマイホームですから投資ローンよりは金利等で有利になります。

キャッシュフローリスト

(単位:円)

	初年度 イニシャル	初年度 ランニング	2年度	3年度	4年度	5年度
物件価額	27,900,000					
イニシャルコスト	2,100,000					
リニューアル	0					
ローン	-20,000,000					
計(自己資本)	10,000,000					
収入						
賃料		2,040,000	2,040,000	2,040,000	2,040,000	2,040,000
敷金運用益						
礼金・更新料						
計		2,040,000	2,040,000	2,040,000	2,040,000	2,040,000
支出						
イニシャルコスト						
登録免許税	360,000					
不動産取得税	350,000					
印紙税	40,000					
ローン費用	410,000					
登記費用等	100,000					
仲介手数料	840,000					
計	2,100,000					
ランニングコスト						
管理費		192,000	192,000	192,000	192,000	192,000
修繕積立金		120,000	120,000	120,000	120,000	120,000
固定資産税等		150,000	150,000	150,000	150,000	150,000
損害保険料		0				
専有部分修繕積立		162,000	162,000	162,000	162,000	162,000
ローン返済額		1,214,120	1,214,120	1,214,120	1,214,120	1,214,120
計		1,838,120	1,838,120	1,838,120	1,838,120	1,838,120
税引前CF		201,880	201,880	201,880	201,880	201,880

　上記のキャッシュフローリストの各期間の税引前キャッシュフロー(純収入)と出口価額に基づいて、20年後の出口約30%ダウンのケースで査定したIRR(内部収益率・注)は5.03%です。

IRR査定

(単位:円)

年次	0	1	2	3	4	5	6	7	8	9	10
投資額	10,000,000										
税引前CF		201,880	201,880	201,880	201,880	201,880	201,880	201,880	201,880	201,880	201,880
売却額											

年次	0	1	2	3	4	5	6	7	8	9	10
CF	-10000000	201,880	201,880	201,880	201,880	201,880	201,880	201,880	201,880	201,880	201,880

	11	12	13	14	15	16	17	18	19	20
	201,880	201,880	201,880	201,880	201,880	201,880	201,880	201,880	201,880	201,880
										20,000,000

年次	11	12	13	14	15	16	17	18	19	20
CF	201,880	201,880	201,880	201,880	201,880	201,880	201,880	201,880	201,880	20,201,880

IRR	5.03%

出口価格について地価上昇等によるアップシナリオでみると、IRRは以下のとおりです。

出口価額(円)	変動率	IRR
25,000,000	-10.4%	6.07%
30,000,000	7.5%	6.97%
35,000,000	25.4%	7.68%

（注）IRR（Internal Rate of Return）は、初期投資額と当該資産が将来生み出すキャッシュフローの現在価値の総和が等しくなる割引率のことをいいます。自己資本投資に対する投資採算性を判断する上での有効な指標になります。前述のとおり、将来生み出すキャッシュフローは、営業キャッシュフロー（賃貸収入・インカムゲイン・ロス）と、投資キャッシュフロー（キャピタルゲイン・ロス）、財務キャッシュフローと定義されていますが、区分されたキャッシュフロー全体のパフォーマンスを総合した利回りです。

第Ⅱ章

マンションの特質と価格の構造

1. マンションの寿命

　不動産の購入（投資）に際しての最大のポイントは、対象となる建物の使用期間（寿命）をどう判断するかです。一般的には法定耐用年数イコール建物の寿命と考えがちですが、会計税務の償却期間と物理的耐用年数とは異なります。人間の寿命と同じように、平均余命で機械的に決めることはできません。建物の機能維持のための設備更新や大規模修繕を行うことで物理的な耐用年数が延びることや、投資採算の面からみると賃料上昇や容積率アップのようなプレミアムがないと建替えのメリットがないことから、通常は使用期間を延ばしてできるだけ長く使用することが合理的な選択となります。

　また、築年の新しい建物のほうが優れた工法の適用や品質の向上した建材の採用により機能アップすることや、改定により厳しくなった建築基準法や建築工事標準仕様書等の基準により施工されることで耐久力なども増していくので、古い建物より寿命（耐用年数）が長くなっていることもあります。

　早稲田大学小松教授の建物の寿命に関してのレポート（注1）によると、アメリカの戸建住宅の平均寿命（USA1980年）はほぼ100年です。日本では100年を超えて使用されているケースは歴史的建造物を除くとほとんどありませんが、このレポートによると、日本の戸建住宅の平均寿命の推計値は54年（調査時点2005年・全国）であり、アメリカの半分程度が実情のようです。ただし、1987年の調査時点では平均寿命の推計値は約39年なので、2005年までに18年経過して15年寿命が延びたことになります。しかし、日本人の平均寿命は男性でも約80歳ですから、54年は人間の寿命に比べると短いような気がします。

我が国の木造住宅の会計・税務上の法定耐用年数は22年です。40歳でマイホームを新築し、期間25年のローンの支払が終わったところで取り壊して建替えというのでは、実態に合っていませんし、もしそのとおり実行しなければいけないとしたらいかにも不経済で不合理です。一方土地建物を一体化された資産とみる欧米の先進国では、建物の耐用年数の規定がなく、古くても使用の仕方や修繕改築により価値は減価しないというコンセンサスが形成されているようです。

　このレポートには、建物の平均寿命（調査時点2005年・全国）について、RCの事務所が51年、RCの共同住宅が45年程度であると記載されていますが、区分所有の分譲マンションに関してのデータはありません。昭和40年代に本格的に建設の始まったマンションについては、まだ建替え事例（注2）が極めて少ないからです。

　したがって、マンションの寿命を判断するためには、建替えの実例等と物理的耐用年数の観点から分析を行う必要があります。また、マンションの場合には、出口の取壊し・建替えについては、所有者間での合意形成が必要になるので、そのための時間が必要になることにも留意しなければなりません。

　（注1）財務省PER戦略検討会「建物は何年もつか」早稲田大学 小松幸夫教授作成資料。平均寿命とは、同じ築年の建物のうち半数が取り壊される年数。

　（注2）国土交通省のデータによると、平成21年末現在のマンションストック戸数は562万戸。建替え完了済みは150戸未満。

(1) 寿命（使用期間）の実態

　郊外型の大規模ニュータウン（住宅団地）では40年超で建て替えるケースがみられますが、住民の高齢化を背景にエレベーターがないとか間取りの変更の必要性等が起因するものなので、一般的な分譲マンショ

ンの寿命とは分けて考えたほうがいいようです。寿命で検討すべきなのは利便性の優れたマンションです。人口減少期に入り全体的なマンションニーズは減少していくので、立地・アクセスの面で優位性があるマンションでなければ、投資の観点からみると長期使用による競争力がないからです。そう考えると、関東大震災の後に建築された同潤会アパートは、都心部にあって立地が優れていたので寿命モデルとしては最適です。

　同潤会アパートは16カ所（注1）で開発され、1926～1934年（大正15～昭和9年）に竣工しています。青山・代官山等は築70年を超えたところで建て替えられ、2009年9月には1928年（昭和3年）に竣工した三ノ輪アパートが81年経過したところで解体されています。唯一残っていた1929年（昭和4年）4月に竣工した東上野の上野下アパート（注2）も、84年を経て2013年6月に建替えのための取壊しが始まっています。なお、青山（原宿）・代官山はマンション立地としてよりも、瀟洒な商業地に変貌したことにより再開発のメリットが大きかったことに建替えの理由があるものと考えられます。

　ネット情報では昭和31年竣工（築56年）の四谷コーポラスが民間マンションの第1号のようですが、30年代のマンション建設は少なく、昭和40年代に入って活発になります。まだ建替えは150戸未満ですから、40年代の築38～47年と50年代の旧耐震と推定される築30～37年のマンション約120万戸が、これからどのくらい使用され、建替えが進んでいくのかによって、マンションの寿命が見えてくることになります。ただし、その中にあっても、利便性の高い都心部で建築されたマンションや、さらに都心部でも立地・床面積・建物スペックでグレードの高い高級マンションの建替えが鍵を握っているものと思われます。古くても価値のあるという切り口でしょうか、中古マンションのうち東京都心を中心に、立地・グレード・街並み等がそろったものを「ヴィンテージマンション」（注3）とよぶようになりましたが、確かにマンションの寿命の上

限は「ヴィンテージマンション」が鍵を握っています。

(注1) 下町系(墨田区・江東区・荒川区・台東区)8カ所、山手系(千代田区・港区・渋谷区・文京区・新宿区)6カ所、横浜(神奈川区・中区)2カ所。

(注2) 台東区東上野5丁目・鉄筋コンクリート造4階建て・店舗と単身タイプ76戸。建替協議に30年を経て、2013年5月に「マンションの建替えの円滑化等に関する法律」に基づくマンション建替組合の権利変換計画の認可を受け、14階建てのマンションに建て替えられる。

(注3) 代表格が渋谷区広尾の広尾ガーデンヒルズ。かつては堀田家下屋敷跡地。日赤医療センターの敷地の一部を購入して、昭和59年から63年にかけて竣工した住宅団地。

(2) 物理的な寿命

① 物理的耐用年数

我が国の実際の建築工事の基準となるJASS 5(一般社団法人日本建築学会「建築工事標準仕様書・JASS 5鉄筋コンクリート工事」・2009年)では、RC構造体の総合的耐久性については次のように規定されており、物理的な耐用年数は標準で65年、強度の優れたものなら100年～200年はあるものと考えられています。

計画供用期間の級	計画供用期間(注)	耐久設計基準強度	供用限界期間(注)
短期(注)	およそ30年	18N/m㎡	およそ65年
標準	およそ65年	24N/m㎡	およそ100年
長期	およそ100年	30N/m㎡	およそ200年
超長期	およそ200年	36N/m㎡	

(注) 短期は簡便な構造物。計画供用期間は腐食鉄筋やコンクリート

の劣化が生じないことが予定できる期間で、供用限界期間は鉄筋が腐食し始めても補修をせずに放置した場合、鉄筋の腐食がかなりの割合で進行し補修不可能になるまでの期間。

② **耐震性**

　前記①の物理的耐用年数は、2009年に改定されたもので現行の建築基準法（注１）で定められた耐久性の水準を維持しています。このJASS 5基準に基づいて建てられる新築マンションの躯体については、大規模修繕をしないでも65年は維持され、機能維持と劣化防止のために大規模修繕を計画的に行えば100年以上維持されるものと考えられます。しかし、それ以前に建築されたマンション、2009年（平成21年）現在562万戸は建築工事標準仕様書・JASS 5の第12次改定の前の基準で建築されています。JASS 5は昭和28年に制定され、約10年ごとに改定されています。2009年版は第12次です。当然新しくなるほど耐久力等に関しての基準が厳しくなっていると考えられます。また、562万戸の中には昭和56年６月以前の旧耐震基準のものが20％強あります。

　旧耐震基準で施工されたマンションは、地震リスクの判断と物理的耐用年数の査定のために耐震診断（注２）が必要となります。診断の結果新耐震基準を満たしていない場合には、耐震補強工事可否の検討を行い、可能であれば工事を実施することで地震リスクを軽減させると共に、新耐震基準に適合したものとして耐用年数をカウントし建替え等の出口を先に延ばすことができます。耐震工事が不可となった場合には、安全性の観点からは取壊し・建替えということになります。ただし、耐震診断・耐震工事設計（可否の検討）・耐震補強工事・取壊し・建替えの意思決定には、当然所有者間の合意形成という問題があります。

　東日本大震災を受けて旧耐震基準で施工されたビルについては、新耐震基準に適合化しているかどうかの診断が必要になるケースもでています（注３）。ただし、マンションについては旧耐震基準のマンションの

うち、耐震診断をしたものは20％強で、その結果問題ありとなったケースでも耐震化工事がされたものは少ないとの情報もあります。

```
耐震診断 ─┬─→ 問題なし    ≒ 新耐震基準適合
          └─→ 問題あり ──→ 耐震工事の検討（設計）─┬─→ 耐震工事可
                                                    └─→ 耐震工事不可
```

耐震工事可	耐用年数	資産価値	
実施	延長	維持	
しない	短縮	減少	
耐震工事不可	ゼロに近くなる	大幅減少	取壊し・建替え

（注１）昭和56年（1981年）に改定された建築基準法の耐震基準を新耐震、改定前の耐震基準を旧耐震と区分し、新耐震では震度６強の地震に耐えられることを基準の柱としてます。実際には昭和56年（1981年）の６月１日以降に確認申請を受け付けたもの。

（注２）宅建業法上は重要事項説明書に耐震診断の有無を記載し、有の場合にのみ開示となっています。新耐震基準マンションであれば無くてもリスクは少ないのですが、旧耐震基準の築年の古いマンションで診断が無い場合には、買主サイドのリスクは極めて大きくなります。

（注３）オフィスビルの場合、建替えはリニューアルに比べて不採算期間の発生とコストの面で圧倒的に不利なので、容積割増による床面積増加か新規賃料の相当のアップによるプレミアムがないと進みませんが、今は新耐震基準を満たすことが「建築物の耐震改修の促進に関する法律」で要請（注４）されています。東日本大震災によるビル被害の詳細データ（注５）はありませんが、阪神大震災のデータや今回の東京圏での倒壊ビルの情報から類推すると、旧耐震のリスクが高いのは明らかです。前記のとおり、旧耐震基準で竣工したビルについ

ては耐震補強か、耐震補強が不可の場合は建替えが必要となるので、建替えが進んでいくものと思われます。

（注4） 阪神・淡路大震災後1995年12月に施行された「建築物の耐震改修の促進に関する法律」では、不特定多数のものが利用する1981年以前の旧耐震の建物のうち特定建築物については、耐震性確認と改修に関して所有者の努力義務が規定されています。ただし、分譲マンションについては対象外です。

（注5） 一般社団法人高層住宅管理業協会から東日本大震災によるマンション被害に関しては「建築基準法の耐震基準が異なる、旧・旧耐震基準（～昭和46年）、旧耐震基準（昭和47年～昭和56年）、新耐震基準（昭和57年～）別に同協会が分析したところ、「建物の被害状況に阪神・淡路大震災のような経年数や耐震基準別の被災傾向は見られない」という発表がされています。（平成23年9月21日発表の「東日本大震災の被災状況について（続報）」より）

③ 地震リスク

前述の②耐震性で検討したのは、建築基準法が安全性の観点から定めた建物の構造に関しての耐震基準ですが、地震リスクは建物の耐震性だけでは評価できません。不動産の証券化に際しては、専門家の「エンジニアリング・レポート」を取り付け、建物に関しての機能維持のための修繕更新費用、建物の遵法性、環境汚染物質、地震リスク等を検証しますが、「エンジニアリング・レポート」の地震リスクは、建物の耐震性と併せて、当該エリアにおける地震歴や発生の程度、対象地盤の強度と液状化の可能性等の調査分析を行って、対象建物の損失額の割合を示す後述のPML値（注1）によって評価することになります。ただし、過去の地震による被害状況からは軟弱地盤や液状化による被害が大きいことや、「新耐震」でも最低基準の建物よりも「旧耐震」であっても最低

基準に対して余裕をもって設計されたほうが耐震性に優れていることから、新旧の「耐震基準」の違いによる単純な評価はできないというのが専門家の見解です。「旧耐震」で建てられた建物については、地震に際して必要な「保有水平耐力」（地震による水平方向の力に対して対応する建物の強さ）を表すIS値（注2）により評価します。

(注1) 「エンジニアリング・レポート」の地震リスクの指標として使われるPML（Probable Maximum Loss・予想最大損失率）は、米国で発祥した災害（本来は、地震に限らない）に対する保険情報の一つで、我が国においては「対象施設あるいは施設群に対し、最大の損失をもたらす再現期間475年相当の地震（50年間で10％を超える確率で起こる大地震）が発生した場合の90％非超過確率に相当する物的損失額の再調達原価に対する割合」をいいます。簡便にいえば、建物が地震によりどの程度損失を受けるかを予想した指標であり、この値が小さいほど、地震に強い建物といえます。一般に、投資用不動産にあっては、PMLが20％以上の場合は地震保険付保等、30％以上の場合は耐震補強を行うなど、対策が必要とされています。

(注2)（国土交通省の基準）

0.6≦IS	地震に対して倒壊または崩壊する危険性が低い
0.3≦IS＜0.6	地震に対して倒壊または崩壊する危険性がある
IS＜0.3	地震に対して倒壊または崩壊する危険性が高い

（旧建設省告示 平成7年12月25日 第2089号）

④ 地盤等の問題

前記の地震リスク分析のとおり、地震リスクは建物の構造もありますが、地盤等の地理的条件による影響が大きいのです。株式会社東京カンテイの中山登志朗氏のレポート（注）では、東日本大震災により被災し

た宮城県内の分譲マンション1,460棟の被災状況調査の総括として、「東日本大震災においては、新耐震と旧耐震の耐震性能の差よりも、その土地の地盤や地質の良し悪しがマンションの被害の度合いを決定したことは、本稿の分析から明らかである。地盤や地質、地形の問題は最も注意を払うべき問題といえるだろう。また、今回の調査結果からは、免震や制震装置が設置されているマンションの地震対応力が高かったことが確かめられた」と記載しています。

マンション購入に際して、「エンジニアリング・レポート」を依頼してPMLを測定することができれば、地震リスクが明確になるのですが、個人の区分所有建物の購入では依頼することは極めて難しいものと思われます。したがって、もう少し簡便な方法で地盤等を調査し地震リスクを判断せざるを得ません。

例えば、国の地震調査研究推進本部のサイト「地震ハザード・ステーション」で公開されている地震マップは、かなり細かくその影響の度合いをエリアごとに区分しています。「確率論的地震動予測地図」の30年震度6強以上確率の分布図を見ると、例えば、日本橋・京橋は黄色で、同エリアの東側の八丁堀と西側の八重洲は赤色に色分けされています。黄色のほうが赤色よりも確率が2段階低くなっています。この差は、表層地盤の強度の違いによるマップと重なっています。日本橋と八重洲の同じ構造のビルでも、確率としては八重洲のビルのほうが、震度が大きいので被害も大きくなる可能性が高いということになります。震度6強に耐えられるのが新耐震基準ですが、地盤の強度から日本橋が震度6強なら八重洲は震度7になるとも考えられます。

　（注）住宅新報社発行「不動産鑑定」2012年6月号「震災後のマンション選び新基準」第7回「東日本大震災　宮城県内の分譲マンション1,460棟の被災状況」

（3）評価と投資判断における物差しの変化

　高度成長による地価上昇期は不動産の価値は土地にあって、建物は耐用年数がきて減価償却が終われば建て替えるか、耐用年数到来の前に高騰した敷地を担保に新築の建物に建て替えるという考え方が主流でした。結果として建物は新築時の価値100が年数を経過するごとに機械的に逓減し、やがてゼロになり、最後は取壊し費用分だけ敷地価格からマイナスになるという原価法（積算価格）が、複合不動産（建物及び敷地）の評価の物差しとなり、取引価格もこの基準によって形成されました。

　人々は地価上昇の恩恵にあずかるためには早く土地を取得することと考え、貯蓄して頭金ができると、ローンを組んでマイホームを購入しました。快適な生活空間を確保することが目的であっても、インフレヘッジの資産形成がマイホーム取得の隠れた理由でした。住宅は償却資産にすぎず、資産価値は敷地にあると認識していました。また、土地の価値はフリーハンドの更地を100とすると、建物を建てた場合にはそれ以降の使用が制約されるために100以下になり、さらに建物賃貸の場合には時間の経過の中で市場賃料よりも契約賃料が低くなると減価されるという価格認識ができていて、評価もこの仕組みを踏襲していました。したがって、投資に関しても地価上昇率と金利の差によりキャピタルゲインを狙う場合には、下手に建物を建てて賃貸するよりも更地あるいは駐車場のほうが、リスクが少ないと判断していました。

　しかし、バブル崩壊後人口減少と低成長を受けて地価の下落が長期間続き、土地神話が終焉すると、土地に対する考え方が変わりました。人々は地価下落が続くと当然リスクを回避するために土地を取得しなくなります。不良資産を売却しようとすると、過去の取引データでは底値を予測することができなくなることもあって、買手不在のまま下落に拍

車がかかっていきます。

　この悪循環を断ち切るために、資産流動化による不良債権処理が行われ、やがてリート誕生により本格化した不動産の証券化により、敷地と建物の一体化したビルや1棟の賃貸マンションの価格の物差しは、土地価格に建物価格を加えて求める積算価格から収益価格に変わりました。収益価格は土地や建物の単独の価値ではなく、複合不動産の賃貸事業の収支に基づいて価格を試算する手法で、価格は現時点の収支を基に賃料の将来予測と利回りによって決定されます。また、建物評価の面では、会計の観点から建物価値の減少を費用として計上する減価償却費（注）から、建物の機能維持のための資本的支出に収支項目が変更されました。

　この変更によって、建物の取壊しまでの使用年数を機械的に会計税務上の耐用年数とみるのではなく、物理的耐用年数との兼ね合いの中で、投資採算の観点から検討すべき経済的耐用年数を重視することになります。したがって、建物の機能維持と劣化防止により、経年によるテナントの満足度の低下を抑えて賃料のダウンを回避するというのが、不動産投資の基本スタンスとなり、不動産鑑定評価もこの考え方を踏襲しています。

　この物差しの変化は、建物の寿命（耐用年数）に密接に関係しています。建物の寿命は、物理的耐用年数とリンクする物質的劣化及び機能低下・管理とメンテナンス・地震等の災害に対する耐久性により決まると考えられます。したがって、日常的に建物管理と修繕を行いながら、計画的に劣化防止と機能維持のための大規模修繕と設備更新を行うことよって、経年による競争力低下を防ぎ、建物の寿命（耐用年数）を長期化させるということになります。

　前述のとおり、オフィスビルや1棟の賃貸マンションの建替えをシミュレーションすると、容積割増による床面積増加や新規賃料の相当のアップによるプレミアムがないと、リニューアルによる継続使用のパ

フォーマンスよりも悪くなります。この投資採算の結果を踏まえると、長期使用が合理的になります。ただし、耐震性等で問題がある場合は、耐震補強か建替えを選択することになります。

(注) 減価償却は税法上損金算入が認められているため、新たに現金支出が生じるわけではなく、投資額が回収されて再投資（建替え）分として蓄積されることになります（自己金融効果）。

(4) 建替えの合意形成の問題

① 建替え決議

マンションの建替えは現行法ではマンションの１室を所有する所有者の４／５以上の賛成がなければできません。所有者間のライフスタイルと資力が異なるなかで、既存のマンションの取壊しを行うのに、法定耐用年数の経過だけでは建替えの合意形成は難しく、４／５は高いハードルになります。積み上がった修繕積立金で仮に取壊しの費用を賄えたとしても、取壊しから建替え後の建物に入居するまでの居住できない期間（投資物件であれば未収入期間）や、建替えの建設費の問題が発生します。資力がないので区分所有の権利を解消し敷地持分を売却しようとしても、敷地持分価格＜建物解体費であれば、取壊しにより資産価値はマイナスになります。つまり、建替えの合意は、敷地持分価格－建物解体費＝aが成り立ち、aが一定の価格水準を超えないとスムーズにいかなくなります。aが大きくて住宅の買い替えができるか、少なくとも別の住宅を購入するのに頭金として充分な金額でなければ、資力のない所有者は建替えをしない選択をすることになります。つまり、このマンションの居住か賃貸を継続しようとすることになります。見方を変えると、土地単価が一定水準にないと建替えは進まず、マンションの使用可能な極限まで使用されることになる可能性が高いと考えられます。

マンションの寿命（使用期間）は、最後は建替えの個々のマンション

の収支上の経済合理性により決定されることになります。大都市中心部や郊外でも駅前の利便性の高いマンションは、人口減少等の影響を受けたとしても、建替え後のマンションにニーズが持続する可能性が高いので、建替えによる経済性は確保されます。たとえ合意形成に時間がかかったとしても、その間、利便性が高いので賃貸に回すこともできますし、転売も可能です。

　しかし、郊外の利便性の劣るマンションでは、人口減少等の影響により建替え後の居住ニーズが見込めないので、結果として住み続けるしかなく、転居者が多くなるとスラム化という問題に直面します。

② 建替え促進の方針

　国は国民生活の向上と都市の防災強化の観点から、既存マンションの建替えを促進しており、平成14年に危険又は有害な状況にあるマンションの建替えの促進を行うための「マンションの建替えの円滑化等に関する法律」（以下、円滑法という）を施行しています。平成25年に取り壊される最後の同潤会上野下アパートは、「円滑法」の適用による建替組合によって建替えが推進されます。

　平成21年（2009年）末で築30年以上のマンションは94万戸と推定されていますが、平成22年（2010年）4月現在、建替えが完了しているものは149戸で、そのうち円滑法による建替えは41戸と建替えが進んでいません。

　一般社団法人不動産協会の「マンション建替え推進方策に関する研究報告書」では、「このままマンション建替え等が進捗しない場合は、老朽化マンションや管理放棄マンションの増加による外部不経済の発生等の社会的問題が発生する恐れがある」としています。

　しかし、人口減少の時代に入り東京圏ではすでに都市のドーナツ化現象は終わって、地価下落を背景に都心回帰の方向を見せており、建替えについては全国一律ということは難しくなっています。利便性が劣り地

価水準の低い地域では、建替えによる収支上のメリットがないために、現状のまま長期使用をする傾向が続くものと予想されます。その一方で、大都市の中心部や郊外にあってもアクセスや利便性の良好なエリアのマンションについては、一定の使用期間が経過すると建替えが進んでいくものと思われます。

　なお、阪神・淡路大震災後に施行された「建築物の耐震改修の促進に関する法律」及び「円滑法」、東日本大震災後の行政サイドの動向からすると、合意形成をスムーズにするために「区分所有法」の建替え決議を４／５から２／３に変更され、一方で容積率の緩和や建替え費用等助成金交付（注）等により建替えをスムーズにさせる促進策が打ち出されることで、利便性等の劣る地域でも建替えが進む可能性がありますが、容積率緩和や助成金等による効果はアクセスや利便性の良好なエリアのマンションのほうが高いので、建替えの進捗に関して二極化が益々進むかもしれません。

　（注）東京都では平成23年４月に「東京における緊急輸送道路沿道建築物の耐震化を推進する条例」が施行されており、指定された主要幹線道路沿道に立地する旧耐震のビル・マンション等に関して耐震診断の義務化と、診断・耐震設計・耐震工事等の費用についての助成が規定されています。

(5) 定期借地権付マンション

　地主が所有地を、住宅や店舗の敷地として土地利用をしたい借地人に借地し、その敷地利用の対価として地主が地代を受領するというシンプルな賃貸事業は、下記の理由により新規に締結されるのは極めてレアケースの時代が続いていました。

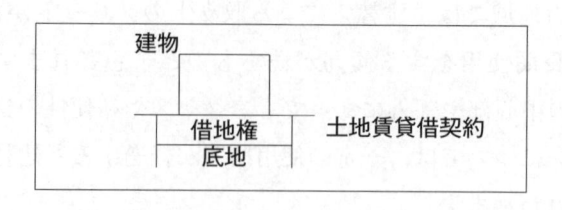

```
┌─────────────────────────────┐
│         建物                │
│      ┌─────┐                │
│      │借地権│  土地賃貸借契約 │
│      │ 底地 │                │
└─────────────────────────────┘
```

○期間が満了しても借地法上、借地人から土地を返還してもらうことが極めて難しいこと
○借地人が望むなら、更新・建替えが認められること（半永久的な利用）
○長い契約期間の中で、借地の地代が低い水準に抑えられたことによる借得分が経済価値として慣行化し、借地権の価格体系が出来上がったため、地主サイドが借地に際しては借地権の対価を請求するようになったこと

しかし、平成4年8月1日に施行された借地借家法の中で、契約期間が50年以上で更地返還の一般定期借地権（同法22条）、契約期間10～50年の事業用建物の所有を目的とした事業用定期借地権（同法23条）、契約期間30年以上で借地上の建物を地主が買い取り、借地権を消滅させる建物譲渡特約付借地権（同法24条）が制定されたことで、経済合理性に基づいて地主が土地を貸して地代を対価としてもらうという不動産賃貸事業が可能になりました。

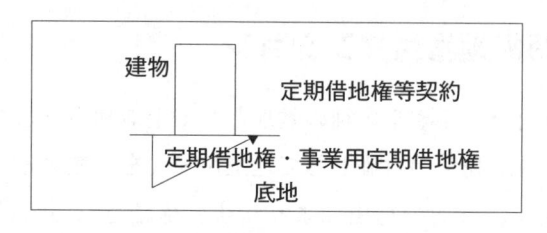

```
┌─────────────────────────────────┐
│      建物                       │
│   ┌─────┐   定期借地権等契約      │
│   │定期借地権・事業用定期借地権│  │
│   │     底地              │    │
└─────────────────────────────────┘
```

事業用定期借地権は事業予測期間と建物の耐用年数に併せて契約期間を10年～50年の間で弾力的に設定できるので、ロードサイド店舗・スーパー・ショッピングモール・物流施設等の業務用施設の敷地利用権とし

て広範囲な用途に利用され、契約期間が50年以上と長い一般定期借地権は、最初は分譲戸建住宅の敷地利用権として広がり、ここにきてマンションの敷地利用権としての利用が拡大しています。

一般定期借地権付の分譲マンションは、普及が始まった頃に比べると契約期間が次第に長くなっています。所有権マンションに比べると地代の負担はありますが、土地代の分、取得価格が安くなるというのが購入側のメリットです。また、マンションは寿命がきても建替えには所有者間の合意形成が必要ですが、資力やライフスタイルの違う所有者間の足並みをそろえるのが困難なことから、取得時に取壊しの時期が確定しているというのは魅力なのかもしれません。地主との交渉により契約期間が決定されますが、最近の契約期間である60〜75年は、建物の物理的寿命ともバランスがとれています。

（6） 結論

前述の寿命（使用期間）の実態・物理的耐用年数・耐震基準・地震リスク・評価と投資の物差しの変化・合意形成の問題等の分析を踏まえると、マンションの寿命の判断基準がみえてきます。

- ○関東大震災以降に建てられた同潤会アパート16棟のうち最後の1棟も84年を経て建替えが決まりましたが、ライフスタイルが変わって機能的陳腐化が進んでも、耐久性が維持されていて立地が優れたものについては、80年程度使用することが可能とも考えられます。
- ○築年が新しくなるほど、建築基準法による規制強化もあって耐久性が高くなり、最新の建物であれば、物理的にはほぼ65年〜100年、強度の高いものについては100年超の耐用年数が見込まれます。
- ○竣工が昭和57年以降で新耐震基準の建物であっても、地盤等によっては地震リスクの高いケースもあります。また、昭和56年以前に竣工したものでも新耐震基準を満たしているものや、地盤等の強度に

よってはむしろ耐震性の高い可能性があります。したがって、地震リスクに対してはPMLの測定結果がないと、より正確に把握することができません。しかし、マンションの管理組合等で耐震診断が行われ積極的に開示されているケースを除くと、マンション1室の購入に際しては測定に関しての必要な情報の開示や立入りが困難なため、測定が極めて難しくなります。したがって、入手可能な地盤等の情報で地震による影響を織り込んで物理的な寿命を推定するしかありません。

○「建築物の耐震改修の促進に関する法律」では旧耐震基準に沿って建築された建物については耐震診断を行い、新耐震基準を満たしていなければ耐震補強工事が必要になると規定されていますが、分譲マンションについては適用されません。

○経年で耐用年数を基にして償却していき、建物価値をゼロとする会計・税務上の評価法や、不動産鑑定評価の積算価格から収益価格へ投資不動産の物差しが変わったことで、建物の劣化防止と機能維持のための工事を計画的に行い、競争力を維持しながら長期使用をはかる方向に変化しています。

○マンションは敷地と建物の躯体等を共有する多数の所有者が、建物の特定の専有部分を区分所有する形態であり、「区分所有法」により建替え決議に関しては権利者の4／5の賛成が必要となります。決議のハードルが高いこともありますが、資力とライフスタイルの異なる権利者間の合意形成は難しく、特に収支上のメリットが見えない場合には、建替えは先送りされる可能性が高くなります。2013年に建替えが決定した築84年の同潤会上野下アパートでは、建替協議に30年を費やしています。

○建替えのためには、建物の取壊しと建替えのための建設費の負担と、取壊しから建替え後の建物に入居するまでの居住できない期間（未収益期間）が発生します。同時期に購入した居住者が同時に高

齢化していくので、転居等の負担もその分大きくなっていきます。一方で、区分所有の権利を解消し敷地持分を売却しようとしても、敷地持分価格＞建物解体費でなければ、建物解体費を負担せざるを得なくなり、買換えも敷地持分価格－建物解体費＝aが成り立ち、aが一定の価格水準を超えないと、収支上のメリットがないので建替えは難しくなります。

○合意形成をスムーズにするために「区分所有法」の建替え決議が4／5から2／3に変更され、一方で容積率の緩和や建替え費用等助成金交付等により、建替えをスムーズにさせる促進策が打ち出されることで、マンション所有の優位性がアップしてくる可能性があります。

○定期借地権付分譲マンションは、定期借地権の契約期間が建物の使用期間（寿命）になりますが、直近のものでは60〜75年で、マンションの物理的寿命とバランスがとれています。

（結論）

エリア・立地等からマンションの競争力が長期的に維持され、建替えのシミュレーションが成立するマンションの寿命については、定期借地権の契約期間にみられるように、物理的な寿命である65年程度を最小の寿命（区切り）と考えるのが、現時点では合理的で客観的だと思われます。なお、新耐震基準を満たしている通常のマンションについて65年を寿命の指標としても、立地がよく建物の維持が良好で競争力が高いものについては、65年より長く使用される可能性が大きくなります。また、台地・高台に位置する地盤・地質の優れた敷地や、建物が制震や免震等の耐震工法によって造られていれば、物理的な寿命の区切りとしては65年では短すぎると思われます。

2. 区分所有

(1) マンションの権利区分

　分譲マンションにはコーポラティブハウスのような小規模画地の1棟3戸建ての棟割長屋から、画地規模の大きい敷地に建物1棟の単棟型、広大な敷地に複数の建物からなる団地型まであります。いずれにしてもデベロッパーが土地を購入し、区切られた居住スペース複数で構成される建物を建築し、この区切られた居住スペースを分譲することにより1室のマンション（専有部分・区分所有権）が生まれます。所有者の権利は居住スペースとしての専有部分の区分所有権・1棟の建物全体の共用部分の共有持分・共用部分のうちバルコニー等の専用使用権・敷地の共有持分（敷地権）により構成されます。中古として転売される場合にも、専有部分の区分所有権に付随して、共用部分の共有持分・専用使用権・敷地権が一緒にセットで移転されます。

A1			A5
B1			B5
C1			C5
D1			D5
E1			E5
F1			F5
G1			G5

敷地（所有権or借地権）
共有持分

　マンションは法的に「建物の区分所有等に関する法律」（以下「区分所有法」という・注）の規制をうけます。建物全体の壁・床・天井等の構造と給排水管やエレベータ等の設備、廊下等の共用スペース、共有する敷地スペース等の権利関係に関しては管理規約に明文化されます。また、この管理規約に規定された管理を遂行するために、権利者により運営構成される管理組合が民間の管理会社に委託して管理を行うのが一般的です。

（注）「区分所有法」第1条で「1棟の建物に構造上区分された数個の部分で独立して住居、店舗、事務所又は倉庫その他建物としての用途に供することができるものがあるときは、その各部分は、この法律の定めるところにより、それぞれ所有権の目的とすることができる」と規定されています。敷地の利用権を持ち、建物の躯体等の共用部分を共有する多数の所有者が、建物の特定の専有部分を区分所有する形態であり、「区分所有法」に基づいて作成された規約を作成し、管理・建物維持・建替え等についてはこの規約を順守することになります。

① **専有部分**

専有面積は「区分所有法」上、壁により区画の内側線で囲まれた部分の内法(水平投影面積)によることが規定されおり、登記も内法により表示されます。一方、建築基準法では壁芯面積(壁の中心線に囲まれた部分を計算した床面積)を使うので、分譲時のパンフレット等の専有面積は壁芯面積で表示されます。なお、「区分所有法」では規約で内法ではなく別段の定めをすることができるものとされています。

ただし、区分所有者が自分の裁量で内装等ができる専用部分の区分については「区分所有法」に明確な規定がないので、管理規約について国土交通省の定めた「マンション標準管理規約」の以下の規定が基準になります。

	共用部分	専有部分
天井・床・壁	躯体部分	コンクリートスラブの表面部分(上塗部分)まで
玄関扉	扉と外部塗装部分	内部塗装部分と鍵
開口部	窓枠・窓ガラス	
設備	共用部分内の全設備	専有部分内の設備 二重床で床とコンクリートスラブの間にすきまがあって、このスペースの間に配管が敷設されている場合等

しかし、壁の躯体部分を共用部分とすると、実際に使用できる専有部分は面積としては内法面積に近くなります。

② **専用使用権**

共用部分に区分されるものの、専有部分に付随して排他的に使用できる部分を専用使用権として分けています。バルコニー、専用庭、玄関扉、窓枠、窓ガラス等が該当します。

③ 共用部分

　前記の専有部分と専用使用権部分を除く、建物の躯体・設備の構造部分、エントランスホール・廊下・エレベーターホール・屋上・管理人室・機械室・建物内部の駐車場等の共用スペース等が建物の共用部分になります。区分所有者全員の共有であり、各戸の専有スペースの階層・間取り・専有面積等により規約で明文化された共有持分割合により確定された持分を有することになります。管理規約で規定されますが、躯体・設備の構造部分は、経年による劣化と消耗に対応して、建物を物理的機能的に維持するためには、計画的な大規模修繕が必要になります。

④ 敷地

　マンションの敷地は、建物の建設されている部分のほか、通路・庭・駐車場等も含まれます。敷地は建物共用部分と同じで区分所有者全員の共有となり、建物の共用部分と同じく共有持分割合により確定された持分を有することになります。建物共用部分と同じように、特定の部分を保有しているのではなく、分離することはできません。「区分所有法」では、建物の専有部分と敷地利用権（登記上は敷地権）とは原則として分離処分（譲渡・抵当権設定等）をすることができないと規定しています。区分所有建物の登記簿表題部には「敷地権の目的たる土地の表示」・「敷地権の種類」・「敷地権の割合」 等が記載されています。

(2) 管理

　「マンション標準管理規約」の管理費についての列挙項目を分類すると次の表のようになりますが、これらの業務を日々遂行し続けないと居住者の安全で快適な生活と建物の物理的機能的維持に支障がでてきます。管理費の適正水準については、2012年の不動産経済研究所のデータでは首都圏の分譲マンションの管理費の平均値は216円/㎡で、中規模タ

イプが一番安く、超高層と小規模マンションが高くなっています。

管理項目	細目
管理委託	○管理員人件費 ○委託業務費 ○専門的知識を有する者の活用に要する費用 ○管理組合の運営に要する費用 ○地域コミュニティにも配慮した居住者間のコミュニティ形成に要する費用
税・保険料	○公租公課 ○共用部分等に係る火災保険料その他の損害保険料
建物等維持	○共用設備の保守維持費及び運転費 ○経常的な補修費 ○備品費、通信費その他の事務費
環境維持	○清掃費、消毒費及びごみ処理費 ○その他敷地及び共用部分等の通常の管理に要する費用

一方で戸建てと異なり、敷地共有で建物共用という制約の中で、快適で健康な生活のために区分所有者あるいは居住者には管理規約により、専有部分の用途・専有部分内の工事の届出・管理費等の費用負担・専有部分の賃貸等が規定され、その他規約で規定できない事項については、使用細則等により一定のルールが義務化されます。細則で規定する主項目としては、専有部分を含むマンション内での禁止行為・入居等の届出・ゴミ処理・バルコニー等の専用使用権の使用等が規定されます。

また、管理規約では管理組合は区分所有者から徴収する修繕積立金の目的を下記のとおり規定していますが、出口の解体工事や建替えについては含めていません。なお、②〜⑤は特殊なケースで、長期修繕計画に基づいて行われる①の大規模修繕が主目的となります。

① 一定年数の経過ごとに計画的に行う修繕
② 不測の事故その他特別の事由により必要となる修繕
③ 敷地及び共用部分等の変更
④ 建物の建替えに係る合意形成に必要となる事項の調査

⑤ その他敷地及び共用部分等の管理に関し、区分所有者全体の利益のために特別に必要となる管理

建設省「平成5年度マンション総合調査」で列挙している大規模修繕の工事内容としては下記のとおりです。

工事区分	工事細目	実施時期
外壁	モルタル タイル貼り	9〜15年
屋根	アスファルト防水	10〜14年
鉄部・外部金物塗装		3〜6年
エレベーター取替		30年
給水設備	給水ポンプ取替 給水管の取替 コンクリート水槽塗装	12〜17年 12〜20年 9〜11年
ガス設備	屋内ガス管取替 屋外ガス管取替	30年 19〜21年
電気設備	共同分電盤補修 照明器具取替	16〜20年 10〜18年

実際に策定された長期修繕計画のデータ分析に基づいて、平成23年に国土交通省が発表した「マンションの修繕積立に関するガイドライン」では修繕積立金の適正水準について次のような指標を提示しています。200円/㎡程度の修繕積立金が維持されていれば、大規模修繕をほぼ賄うことができることになります。なお、機械式駐車場が設置されている場合にはさらに加算が必要になります。

修繕積立金の目安

階数/建築延床面積		平均値	事例の3分の2が包括される幅
15階未満	5,000㎡未満	218円/㎡	165〜250円/㎡
	5,000〜10,000㎡	202円/㎡	140〜265円/㎡
	10,000㎡以上	178円/㎡	135〜220円/㎡
20階以上		206円/㎡	170〜245円/㎡

（3）合意形成の問題

　マンションの管理は時間軸で考える必要があります。日常のメンテナンスはマンションの寿命を65年とするなら65年間日々必要ですが、一方で建物維持のために計画的に5〜30年スパンで外壁・屋根・外部塗装・設備（給水・電気・ガス）・エレベーター等の大規模修繕を実施し、最後は建替えのための管理です。合意形成の問題は、大規模修繕と建替えにあります。

　敷地の利用権を持ち建物の躯体等の共用部分を共有する多数の所有者が、建物の特定の専有部分を区分所有する形態であり、「区分所有法」に基づいて作成された規約を作成し、管理・建物維持・建替え等についてはこの規約を順守することになります。

　大規模修繕については区分所有法第17条「共用部分の変更（その形状又は効用の著しい変更を伴わないものを除く。）は、区分所有者及び議決権の各4分の3以上の多数による集会の決議で決する。ただし、この区分所有者の定数は、規約でその過半数まで減ずることができる」の規定により、また、規約の設定は同法第31条「規約の設定、変更又は廃止は、区分所有者及び議決権の各4分の3以上の多数による集会の決議によってする」に規定されています。

　なお、建替えについては同法第62条に「集会においては、区分所有者及び議決権の各5分の4以上の多数で、建物を取り壊し、かつ、当該建物の敷地若しくはその一部の土地又は当該建物の敷地の全部若しくは一部を含む土地に新たに建物を建築する旨の決議（以下「建替え決議」という。）をすることができる」とあり、規約で1／2以上までに低くできる大規模修繕に比べると、建替えの合意形成は4／5以上でハードルが高くなっています。仮に、法律改正で建替え決議が2／3になっても、大規模修繕よりも合意形成のハードルは高いままです。

建替えは所有者間のライフスタイルと資力が異なるので、既存のマンションの取壊しを行う必然性（物理的劣化・機能的陳腐化）だけでは、合意形成は難しいと思われます。建替えのためには、建物取壊しによる解体費用と建替えのための建設費等の費用と、取壊しから建替え後の建物に入居するまでの居住できない期間（投資物件であれば未収入期間）の問題が発生します。仮に、資力がないので区分所有の権利を解消し、敷地持分を売却しようとしても、敷地持分価格＞建物解体費でなければ、建物解体費を負担せざるを得なくなります。

　金銭的には日常のメンテナンスは管理費で対応し、大規模修繕については修繕積立金を積み立て対応することになりますが、取壊し・建替えの費用については金銭的な計画はされていません。定期借地権の場合には、出口（借地期間満了）が決まっているので、新築時から大規模修繕と取壊しを織り込んでの管理になりますが、敷地権が所有権の場合には、出口はフリーハンドです。そうなると、寿命が到来してもプールした修繕積立金では取壊し・建替えの費用が賄えない場合には個人負担になるので、大規模修繕により寿命を延ばそうという選択になる可能性が高くなります。大規模修繕の合意形成は１／２以上ですが、建替えは法律が改正されても２／３が必要だからです。

3. マンション価格の構造

(1) 経年減価

　1室のマンションの中古の取引価格を分析すると、戸建てや1棟のオフィス・賃貸マンションに比較して、経年により価格が逓減していく傾向が強く出ます。第Ⅱ章1．のマンションの寿命の解説のとおり、マンションRC造の法定耐用年数は47年であり、50年程度で建物価値はゼロになるので取り壊すという価値観が根底にあります。したがって、マンションの流通価格は法定耐用年数による経年減価に極めて近い変動を示しています。しかし、マンションの物理的な寿命は法定耐用年数よりも長く、また耐震基準の強化や性能向上等により築年の新しいマンションほど耐久性がアップしているので、法定耐用年数をもって、機械的に建物劣化・機能的陳腐化による使用不可とすることは経済合理性を欠きます。

　マンション建設が本格化した昭和40年代のマンションは、ほぼ2年後から順次経年50年超になります。現時点までの建替えの数の少なさからみると、大半のマンションはこのまま継続使用される可能性が高いものと思われます。今後の人口減少の流れの中ではマンション需要全体が落ち込んでいくので、エレベーターのないものや交通利便性の極端に劣るマンションについては、将来的にスラム化する可能性が高まっていくので、すべてのマンションの寿命が一律に長期化することにはなりませんが、立地等が劣るものも法定耐用年数より長く使用される傾向にあることは間違いありません。

使用期間（寿命）が長くなるということは、50年程度でゼロになるという価値観が変わっていくことで、中古マンションの流通価格に織り込まれる経年減価も変化することになるのかもしれません。ただし、マンションの寿命は立地等の優れたものはより長期化し、立地等の劣るものは競争力の面で寿命は延びないことになるので、経年減価にも二極化が起こりそうです。

　大都市では居住の中心はマンションです。個々の生活空間の集合であるマンションが街と一体化され、長い時間を経て街並みの中に溶け込んでいくのは都市の成熟の一つの要素であり、立地や機能の優れた中古マンションの寿命が長くなり資産価値が安定的に推移すると、住宅が100年超も使用される欧米のように、新築重視から中古中心に物差しが変わっていくことになるかもしれません。

　しかし、建物は更地に建築してから長い年月をその目的に従って使用し、やがて建物劣化と機能的な陳腐化により取り壊され、その時点でも最有効であるならば同じ用途の建物に建て替えられ循環していくことになります。マンションも基本的には同じように循環します。ただし、単独所有のオフィスや戸建住宅と違って、マンションは独立した住戸（専有部分）の集合であり、建替えにはその住戸（専有部分）を所有する権利者の合意形成が必要になります。それは、細分化された土地を集約して複合化された用途による大型の建物を建設する再開発に似ています。再開発の誘因は容積率のアップ・助成金・防災等もありますが、いちばん大きいのは商業系であれば集客による売上増加とか賃料アップによる収支面の改善であり、住居系であれば資産価値のアップです。マンションの建替えにも、収支的な裏付けがないと合意形成ができません。しかし、人口減少・低成長を背景に地価下落基調が続くとなると、賃料アップとか資産価値のアップはなかなか実現しませんので、この収支的な裏付けは難しくなります。一方でマンションの建替えは権利者間の合意形成が難しい分、不確定なリスクを抱えており、そのリスクが中古マン

ションの価格に影響を与えています。

　マンションの新築の段階の価格は、基本的にはデベロッパーの値付けした分譲価格ですが、新築後時間が経過し中古として売買する場合には流通市場の取引価格を参考に値付けされ、売手と買手との交渉の中で売買価格が決定していきます。また、賃貸物件にして流通市場に出すと、買手は居住を目的とするユーザーではなく個人投資家になり、利回りに基づく収益価格を基準として売買価格が決定されていきます。そして、長い使用期間を経て建物劣化の限界にいきつくと、取壊しを前提とした「土地価格−建物解体相当額」とする積算価格が重視されることになります。

　マンションの価格は新築から取壊しまでの時間の中で、評価基準が変化していくことになります。そのプロセスを動態的にとらえるために、ここでは、新築時のデベロッパーの値付けた分譲価格、経年減価を織り込んだ中古マンションの価格推移、そして取壊しの見えた出口の価格について分析しながら、マンションの時間軸による価格の歪みを検証します。

① 新築時の分譲価格

　デベロッパーの新築マンションの値付けは、マンション用地の取得前に始まります。デベロッパーは、用地の実行容積率と管轄の区役所等の開発指導等に適合した建築プランを作成し、併行して当該エリアのマーケティングとサブマーケットを含めた分譲マンションのデータ等を分析しながら、その立地と規模によってマンションの専有面積・間取り・グレード等とそれに対応する分譲価格を査定し、次に建築費・設計監理費・販売管理費・広告宣伝費・開発負担金・開発利益（注）等の予想額を検討して、分譲想定価格から費用と利益を控除して用地の更地価格をシミュレーションします。分譲価格については、当該エリアにマンションを購入するエンドユーザーの想定収入に対して、分譲価格の70〜80％

程度の長期住宅ローンを組み込んで現行の金利水準により返済可能な金額や、またエリア内の賃貸マンションやアパートの賃料水準とローン返済額のバランスを検証します。後述のとおり、不動産鑑定評価ではマンション用地の価格については開発法が重視されますが、開発法の試算のプロセスは、このデベロッパーの値付けを想定したものになっています。

一方、完成したマンション1室の分譲価格は、売主であるデベロッパーが実際に取得をした用地取得額に、建築費・設計監理費・販売管理費・広告宣伝費・開発負担金・開発利益率等をオンして求めた開発総額を、1室ごとの床面積と眺望・日照・採光・間取り等の空間価値としての効用（階層別・位置別）の増減により査定した、共有持分割合により配分した価格となります。この空間価値としての効用（土地価格＋建物価格＋分譲費用＋開発利益）×持分割合が1室の価格になります。

（注）開発利益は開発資金の一定割合の融資を受けるので、借入金利とデベロッパーの開発利潤により構成されます。

1棟のマンション総額（X）

開発利益（金利・投下資本利益）	間接経費と利益　20〜30％
分譲費用（販売管理費・広告宣伝費等）	
建設費 （造成・建築・設計監理等）	原価　100％
土地価格 （用地取得代・公租公課・仲介料等）	

1室のマンション価額

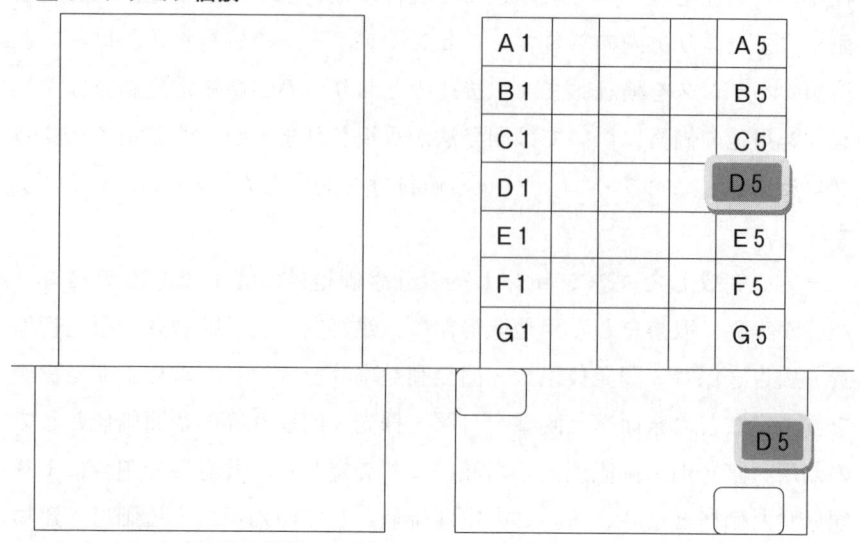

A1			A5
B1			B5
C1			C5
D1			D5
E1			E5
F1			F5
G1			G5

マンション1室D5の価額＝1棟のマンション総額（X）× d5／（a1＋‥＋ d5‥＋ g5）
（注）A1～G5はマンション1室の表示で、a1～g5は敷地の共有持分

　用地取得のときに将来の分譲価格を見込み違いで高く予測してしまうとか、取得競争が厳しくて用地価格の水準が高くなりすぎると、分譲価格を高くしないと利益が出なくなるとか、費用分がマイナスになってしまいます。なお、大手デベロッパーの造り出す人気ブランドは、同一エリア内のグレードの近いマンションと比較して価格競争力が高くなります。ただし、販売時に景気低迷等によりマーケットが冷え込むと、値引きのような現象も起きます。

　不動産鑑定評価では後述のとおり、区分所有部分の価格を試算する積算価格と、近隣地域等の中古マンション取引事例から求める比準価格、賃貸中であれば現行賃料を分析し、自用の建物（空室）であれば賃貸を想定して求めた収益価格の3手法による試算価格を求め調整して評価額を決定しますが、このうち積算価格は、上記の開発法による試算価格の逆の構造になっています。

② 使用期間中の価格

　新築マンションの各戸の分譲（販売）価格は、売手のデベロッパーにより決定されます。また、通常は分譲されてから相当の期間、売買は行われません。ただし、マンションの1室（専有部分）として売買された瞬間から、中古市場の影響を受けることになります。かつてバブル時代には、分譲時にマンションの人気が過熱して購入後直ぐに分譲価格にプレミアム付きで転売するようなケースもありました。

　中古マンション市場を見ていると新築分譲時から10年以内の物件量は少なく、10年経過してから売却量が増加していきます。ただし、昭和40年代にマンション建設が本格化したので、使用年数が50年超の流通マンションは現時点では極めて少なくなります。また、①で説明したように新築時のマンション価格にはデベロッパーの分譲費用と利益が原価に対して20〜30％オンされていますが、この部分の価格が建物の経年と同じように減価されていくのか、それとももっと短い期間でゼロになるのかは区分できません。

評価モデルマンション

エリア	区域等	最寄駅	エリア特性	築年(年)	容積率(％)	専有面積(㎡)	敷地持分面積(㎡)	建物持分面積(㎡)	売買価格(千円)
A	千代田区	麹町・半蔵門	高級住宅地	40	450	80	26	106	41,600
B	港区・渋谷区	広尾	高級住宅地	27	300	107	54	166	125,190
C	世田谷区	駒沢大学	中級住宅地	29	200	91	53	102	44,000
D	練馬・板橋区	江古田・小竹向原	中級住宅地	24	200	72	44	80	23,000

　ここでは上記の都内の中古マンション4室の売却に伴う売買価格（評価）データをモデルにして、4つのエリアを選定し、エリアごとに新築マンションの分譲予定価格の平均を100とし、中古マンション仲介データに基づく売値を経年で区分し、新築分譲価格100に対して中古マンションの価値比を査定すると次の表のとおりになります。駅距離・地盤・建物スペック・タイプ（間取り）・規模・環境等が異なりますが、ヘドニック・アプローチ等の補正は行わずに、経年別に区分した平均単

価により求めています。

経年期間別平均価格　　　　　　　　　　　（単位：千円/㎡）

エリア	最寄駅	新築	12～15年	28～36年
A	麹町・半蔵門	1,350	1,025	682
B	広尾	1,559	1,160	838
C	駒沢大学	978	815	498
D	江古田・小竹向原	636	498	379

価値比

エリア	最寄駅	新築	12～15年	28～36年
A	麹町・番町	100	76	51
B	麻布・広尾	100	74	54
C	駒沢大学・弦巻	100	83	51
D	江古田・小竹向原	100	74	53
	平均	100	77	53

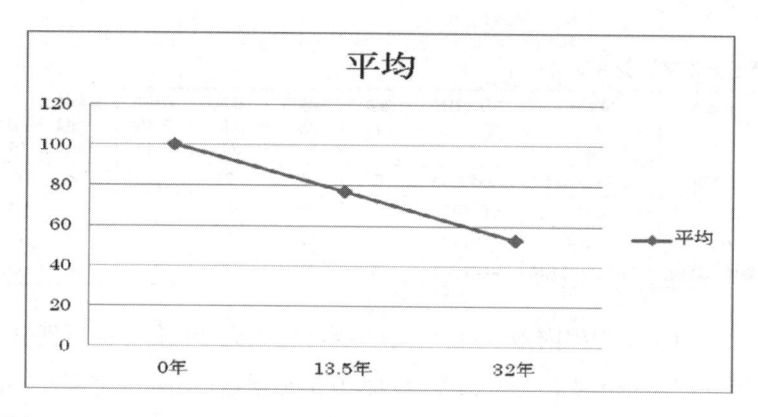

（結論）

　4エリアとも価値比は近似しています。新築マンションの価格と比較して経年12～15年のマンションは20％強ダウンで、30年を超えたあたりでほぼ50％ダウンとなります。

　築年から求めた使用期間については、50年超のものは全エリアゼロで

40年超のものも極めて少ないので、40年以降の経年による減価分を控除した価値比については、現時点では予測できません。今後の時間の経過の中で、前述のとおり昭和40年代に分譲されたマンションがこれから40年、50年を超えていく時点で幾らで売買されるか、若しくは幾らで賃貸されるかによって見えてくることになります。

③ 出口価格

寿命が到来して取壊し段階の価格を出口価格とし、土地敷地持分価格から建物の解体費を控除した価格を想定します。実際の取壊しまでの合意形成には、相当の時間がかかる可能性が高く、立地に競争力がない場合には建替えによる事業収支がうまくいかないケースも出てきますが、合意形成のリスクは費用的にはゼロとしています。下記のシミュレーションは、前記の4エリアのマンションの実際の評価データにより、評価額を売買価格とし、試算過程で求めた積算価格のうち、敷地の持分価格から建物の解体費相当額の持分により配分した価格を控除して出口価格を査定しています。

エリア	敷地単価 (x1)	敷地面積 (x2)	敷地価額 X=(x1*x2)	解体費単価 (y1)	建物持分面積 (y2)	解体費 Y=(y1*y2)	出口価額 (X-Y)	専有面積 (s)	出口単価 Z1=(X-Y)/s	売買単価 (Z2)	Z1/Z2
	千円/㎡	㎡	千円	円/㎡	㎡	千円	千円	㎡	円/㎡	円/㎡	%
A	1,750	26	45,000	36	106	3,816	41,184	80	515	520	99
B	2,000	54	108,000	36	166	5,976	102,024	107	953	1,170	81
C	618	53	32,754	36	102	3,672	29,082	91	320	483	66
D	424	44	18,656	36	80	2,880	15,776	72	219	315	70

Aは築40年ですが、売買価格と出口価格（敷地持分価格−解体費配分額）はほぼ均衡しています。B・C・Dは築24～27年で、売買価格＞出口価格（敷地持分価格−解体費配分額）で66～81％に分布しています。データが少ないので、ここで想定した出口価格と市場の流通価格が均衡するかどうかはわかりませんが、建替えを前提とする出口価格が指標になるものと推定されます。この推論はマンションの寿命を法定耐用

年数47年に基づいて50年とすると無理がないのですが、前述のとおりマンションの寿命を65年基準にすると、築40年で出口価格に近似するというのは経済合理性を欠くことになります。市場価格は経年による減価を多くみすぎており、耐震の問題がなければ25年程度の継続使用ができるものを、使用価値は0～10年程度として、取壊し前提の出口価格を基準として流通価格が形成されていることになります。

④ 問題点

　マンションの新築価格は　マンションの取壊しに至るまでの合意形成の時間とマンション建替えのニーズがその時点であるのかというリスクはありますが、出口価格が土地価格になることは明らかです。前記4エリアのA～Dのマンションは、東京都心中心部の最高グレードの高級住宅地と、東京中心部のオフィスや大型店舗の集積する高度商業地に直結する利便性の高い中級住宅地に立地しており、各マンションが築後65年程度経過した段階でも、住宅ニーズがあって再びマンションとして建替えが行われる可能性は高いので、取壊しのリスクとしては合意形成のプロセスと時間です。

(2) 住宅（自用）と投資（賃貸）の価格差の問題

　分譲マンションは戸建住宅と違って賃貸が容易なので、快適性と収益性の並立する資産になります。1室の中古マンションは居住用の住宅市場と投資市場が重層化することで価格も二重構造になっています。住宅市場ではデータ化された中古の居住用マンションの取引価格と新築マンション価格との比較の中で価格が形成されますが、投資用は賃貸市場の適正な賃料水準と投資利回りによる価格が形成されます。通常は同じマンションであっても、住宅（自用）として空家で購入する場合のほうが、賃貸中の収益物件よりも価格が高くなります。したがって、賃貸中

の収益物件を購入し、空家になったところでエンドユーザーである個人の買手に住宅用として売却すれば、転売利益を得ることができます。賃貸中の投資用マンションを購入し、テナントの退去を待って1室ずつ転売するビジネスがみられるように、価格の裁定が働きやすくなっています。

　住宅用の中古マンションの取引価格はデータ化され、流通価格の水準が明確になっていますが、賃貸マンションの取引価格についてはデータ化されておらず、収益価格の手法も定着していません。なお、不動産証券化に賃貸レジデンスが組み込まれてから、1棟の賃貸レジデンスのキャップレート等の投資利回りの標準化された水準が形成されていますが、個人投資家を中心とする投資市場では投資利回りは予想賃貸収入と売買予定価格との関係を表す表面利回りであり、標準化されていませんので、収益価格に歪みが生じやすくなっています。

(3) マンション敷地価格

　高度利用の可能な容積率が確保される住宅地で戸建住宅とマンションが混在しているエリアでは、隣接していても100～300㎡程度の戸建住宅適地と1,000㎡を超えるようなマンション適地では土地の価格水準が異なります。戸建住宅の売買はこのエリア内で住宅用地購入を検討しているエンドユーザーである個人との相対取引となり、エリア内の過去の戸建住宅地の取引価格が売買価格の指標となります。また、エリア内で類似性の高い公示地の公示価格や対象地の接面する道路に付けられた路線価価格等により、標準的な価格が把握できるので、土地価格の価格水準はすぐに把握できます。あとは画地の個別性と、建物がある場合に建物の価値をどう評価するかになります。

　一方、マンション用地はエンドユーザーの個人ではなく、土地購入に対応した合理的なマンション事業プランとそれを実現するための資金力

がある事業者が買手になります。したがって、購入者側は開発した分譲マンションがエンドユーザーに分譲できる価格をもとに、建設費等のコストと利益を確保してマンション用地を幾らで購入すれば採算がとれるかという観点から評価します。エリア内の過去のマンション用地の取引価格やマンション適地の公示価格も参考にはしますが、重視するのは現時点の採算価格になります。分譲マンションとして人気の高いエリアであれば購入を検討するデベロッパー間での競争になり、結果として購入価格は高くなっています。また、景気回復期で土地需要が旺盛になると土地価格は上昇します。デベロッパーが一定の開発利益を確保するためには、分譲価格を引き上げなければなりませんが、マンションの将来の分譲価格が比例して上昇することは難しい状況が続いています。ここ10年の地価トレンドをみると、上昇下落のボックス型の変動をしていることから、積極的なマンション用地の購入には採算割れのリスクが高くなっています。新築マンションを購入する個人にとっても、購入時期によって割高なマンションを購入するリスクが発生します。

　この評価の仕方は、不動産鑑定評価でいう開発法になります。前述のとおり開発法はその土地の実行容積率と管轄の区役所等の開発指導等に適合した建築プランを作成し、併行して当該エリアのマーケティングとサブマーケットを含めた分譲マンションのデータ等を分析しながら、その立地と規模によってマンションの専有面積・間取り・グレード等とそれに対応する分譲価格を査定し、次に建築費・設計監理費・販売管理費・広告宣伝費・開発負担金・投下資本利益率等を検討して、分譲総額から費用と利益を控除して用地の更地価格をシミュレーションして求めます。

　なお、マンション用地の敷地規模や立地によりワンルームを中心とするニーズに合致している場合には、賃貸をして借り手であるエンドユーザーにどのくらいの賃料で貸せるか、1室の投資向け分譲にした場合の分譲価格に対しての適正利回りが確保できるかという、収益評価が重視

されます。これは不動産鑑定評価でいう収益還元法であり、適正賃料収入をベースにして標準的なランニングコストと建物維持のためのコスト等を控除して求めた純収益を市場の取引利回りを参考にして求めた還元利回りで還元して収益価格を求めます。

　こうして求めるマンション用地の土地価格は、同一エリアの同じ道路沿いの土地であっても、戸建住宅の適正価格水準と乖離してしまうケースが多くなります。大都市の地価の高いところほどこの傾向が強くなります。通常は大規模な土地のほうが、画地規模の小さい土地よりも割安になります。例えば分譲住宅用地や建売住宅用地のように、分割することによる道路分や不整形の画地の発生、一方で売れ残った場合の金利負担や販売経費の増加等のリスクにより、確定した不動産を１回の取引で完結する戸建住宅用地よりも低くなります。しかし、マンション用地の場合には、地価の高いところでは同じ規模の建物スペースを確保すると、分譲マンションよりも戸建住宅が圧倒的に高くなることから、分譲マンションのニーズのほうが多くなります（注１）。

　また、マンション用地の場合には道路提供や不整形による利用効率の低下が少ないこともあって、画地規模が大きくなっても減価は発生せず面大地としての増価が発生し、戸建住宅の土地単価よりも大幅に高くなります。この面大増価がマンション評価の一つのポイントになります。マンションは一般的に戸数の多い大型マンションや、あるいは超高層のタワーマンションのほうが販売戸数の少ないものより、管理効率や居住快適性が確保されるために人気が高く単価も上昇します。したがって、画地は一定規模まで大きくなるほど面大増価が逓増する傾向が強くなります。

　マンションの価格は、新築の分譲価格と購入した敷地の価格と不可分の関係があります。マンション価格は、「敷地価格＋建物原価及び販売経費・開発利益」で構成されます。エリアが違っても同じ規模のマンションであれば建物原価は同じですが、仕入れの土地価格は明らかに違

います。エリア・立地・容積率・画地規模・周辺環境の価値によって決定され、完成したマンションにそれらの要因がそのまま反映されます。したがって、マンション価格は敷地価格に比例し、地価の高いエリアほどマンション価格も高くなり、マンション価格に敷地価格の占める割合が高くなります。一方で、郊外の地価の安いエリアでは、建物原価＞土地価格になります。面大増価も小さくなり、駅至近エリアを除くと戸建分譲と競合し面大減価の可能性もあります（注2）。

郊外と都心中心部のマンション価格の内訳

	算出式	郊外マンション	都心中心部マンション
画地規模(㎡)	a	2,500	1,000
地価(円/㎡)	b	100,000	1,500,000
路線価(円/㎡)		100,000	1,000,000
敷地総額(円)	a*b＝c	250,000,000	1,500,000,000
容積率(%)		200	500
建物延床面積(㎡)	d	5,000	5,000
建築費(円/㎡)	e	250,000	250,000
建設総額(円)	d*e＝f	1,250,000,000	1,250,000,000
土地建物総額(円)	c＋f	1,500,000,000	2,750,000,000
販売経費(円)	(c+f)*0.2＝g	300,000,000	550,000,000
開発利益(円)	(c+f)*0.1＝h	150,000,000	275,000,000
分譲総額(円)	c＋f＋g＋h＝i	1,950,000,000	3,575,000,000
分譲総面積(㎡)	d*0.85	4,250	4,250
分譲平均単価(円)	i/d*0.85	458,824	841,176
1室(72㎡)分譲価格(円)	i/d*0.85*72	33,035,294	60,564,706
敷地価格割合	c/i	13%	42%
建物価格割合	f/i	64%	35%
経費利益割合	(g+h)/i	23%	23%
1室(72㎡)の分譲価格の敷地価格(円)		4,235,294	25,411,765
1室(72㎡)分譲価格の建物価格(円)		21,176,471	21,176,471
1室(72㎡)分譲価格の販売経費・開発利益(円)		7,623,529	13,976,471

第Ⅱ章 マンションの特質と価格の構造

価格構成割合

都心	経費・利益	建物価格	敷地価格
郊外	経費・利益	建物価格	敷地価格

（注1）例えば容積率400％のエリアの戸建住宅としての土地単価が150万円/㎡とした場合、100㎡の土地を購入して120㎡の住宅を25万円/㎡で建築すると総額で1億8千万円になりますが、同じエリア内で分譲単価100万円/㎡で120㎡のマンションを購入すると1億2千万円になります。

（注2）国土交通省の土地総合情報システムでは、エリア別に最新の不動産取引価格情報を開示しており、誰でも閲覧ができます。土地・土地建物の複合不動産・中古マンション等の類型別に取引価格と町名単位までの所在・規模・駅距離・用途等が開示されています。

(4) マンション開発に伴う経費と利益

1棟のマンションを建設する場合、次の表のような3とおりの事業化が考えられます。Aは分譲マンション、Bはテナントを付けてから分譲するワンルームタイプの分譲で、Cはオーナーが所有して賃貸するケースです。グレードの同じマンションであっても事業化の目的等によって価格が変わってきます。

	事業化	経費 & 利益
A	1室ごとに区分所有建物として分譲販売する。	開発分譲に伴う経費と利益を原価（土地価格＋建築費）にオンして分譲し販売する。
B	1室ごとに区分所有建物とし、テナントに賃貸したまま分譲販売する（新築ワンルームの仕組み）。	開発分譲に伴う経費と利益を原価（土地価格＋建築費）にオンして分譲販売し、その後も賃貸管理の運営を行い、個人オーナーより管理費を授受する。
C	1室ごとにテナントに賃貸し、1棟の賃貸マンションとして長期間賃貸事業を行う。	○原則賃貸事業による収支。 ○ただし、収益物件としてリート等に売却して転売益を得るケースもある。

　1棟のマンション価格は、Cは1棟のまま第三者に転売する場合の価格であり、本章3．(3)のとおり収益価格で評価されます。Cのオーナーが利益を確保するためには、投資不動産市場で評価されると考えられる収益価格よりも低い投資額でマンション開発をする必要があります。一方、AとBの1棟のマンション価格は1室ごとの分譲価格の総和（総額）であり、評価上は積算価格になります。ただし、1室ごと区分所有にして分譲するための広告宣伝費等の経費額が大きくなるために、1棟全体の価格としてはB＞A＞Cになります。なお、B＞Aになるのは、Aは空室状態で分譲しますが、Bはワンルーム分譲モデルであり、需要が少ないことやテナント確保に伴い経費が加算されるからです。

　分譲後の区分所有であるマンション1室の価格になると、Bの1室は個人投資家にテナント付のまま収益価格（b）で転売されるので、マイホームとして転売されるAの1室の取引価格（a）に対してa＞bの関係になります。テナント退去による空室状態で転売するケースでは、コンパクトタイプの1室であればマイホームとして転売することもでき、価格は基本的にはaになりますが、ワンルームの1室はマイホームのニーズが考えにくいので、bの収益価格で評価されることになります。

この価格の違いは、Ｃを１室ごとに区分所有にして転売する場合も同じです。

第Ⅲ章

マンション投資の判断基準

1. 評価

（1）評価シート

　投資（購入）に際しては、利回り・賃料予測・融資条件等を踏まえた事業収支シミュレーションによる投資分析が必要になりますが、まずは候補物件を検索サイトから選び出し、物件の簡単な評価をしなければなりません。物件の立地や建物スペックと売出価格がバランスしているか、オーナーチェンジの賃貸物件であれば契約賃料が市場賃料の中で高いのか安いのか、売出価格が他の取引価格や売り物件の価格からみて妥当だとしても別の手法で評価するとどうなのかといった観点から評価することが必要です。投資する場合の問題点を明確にし、売出価格の妥当性を検証することになります。

　次ページの表は「都心の中古マンションを購入し、賃貸収入を確保したい」というご依頼の中で、空室のコンパクトタイプを投資物件として検討した際の評価シートです。

　本件で重視したのは、次の項目になります。都心部の立地のいいものという顧客ニーズを優先し、予算・利回りの観点からリストアップすると、築後30年超の旧耐震の建物が多くなりました。耐震補強をしていない物件であれば不適格とするのか、その分価格がダウンしていると考えリスクを織り込んで投資するのかが難しい判断となります。今回は新耐震の物件の購入となりました。

1	立地・性能等
2	耐震リスク
3	適正賃料及び予想純収益に対して売出価格の利回り
4	新築価格
5	建替えに際して敷地持分価格

　売出価格そのものの評価はこの一覧には表示されていませんが、同一マンション内の過去及び同一エリア内のマンションの成約事例や売出価格をチェックして価格の妥当性を検証します。セカンドオピニオンとして第三者の中古マンション評価レポートをとって比較もします。

　更地の取引や戸建住宅であれば、公示価格あるいは路線価により土地価格の水準がわかるので、事例や他の売り物件同士の比較は簡単です。また、立地等の価格形成要因がそこに反映された価格指標なので、特に立地等を指数化しなくても比較ができます。しかし、マンションは土地建物が一体化された空間価値としての価格であり、P.67の表のとおり価格は原価として敷地価値・建物価値・販管費等で形成され、経年によって敷地価値以外の部分は減価されていくという構造を持っています。したがって、同一マンション内や経年の同じマンションであれば比較しやすいのですが、エリアの違う経年の違うマンションについての比較は簡単にはできません。また、空間価値には建物の劣化による取壊しという出口があって、最後は敷地価値だけの資産になります。

　したがって、新築価格と出口の敷地持分価格を簡単に求めることで、エリアや経年が違っても敷地価値により立地等を含めた比較ができ、時間軸の中で当該マンションの価値がどのように売出価格に反映されているかが見えてきます。

マンション選定シート

	マンション区分	Ⓐ	Ⓑ	Ⓒ	Ⓓ	Ⓔ
表示	最寄駅による区分	芦花公園	参宮橋	不動前	白金高輪	半蔵門
	所在	世田谷区	渋谷区	目黒区	港区	千代田区
価格	価格	2,200万円	2,400万円	2,500万円	2,700万円	2,700万円
立地	交通	京王線新宿駅23分	小田急線新宿駅3分	東急目黒線目黒駅2分／三田線大手町駅20分	都営三田線大手町駅11分	JR山手線東京駅15分／半蔵門線大手町駅7分
	駅距離（徒歩）	2分	6分／JR山手線代々木駅10分	4分／JR山手線目黒駅9分	5分／東京メトロ南北線白金高輪駅5分	5分／東京メトロ有楽町線麹町駅7分・JR中央線四谷駅10分
	エリア	駅前至近の住宅地	高級住宅地◎	路線商業地	路線商業地	高級住宅地◎ただし店舗等混在
	用途指定・容積率	一種中高・200%	二種中高・310%	商業・500%	商業・400%	商業・450%
権利	敷地権	借地権	所有権	所有権	所有権	所有権
	戸数	16戸	76戸	27戸	29戸	80戸
	建物・構造階層	RC・5F	SRC・9F	SRC・10F	RC・5F	SRC・7F
	建築時期	平成4年1月	昭和52年	昭和58年4月	昭和57年4月	昭和61年4月
	築年	21年	36年	30年	31年	27年
	床面積	51.54㎡(15.59坪)	42.33㎡(12.8坪)	51.73㎡(15.64坪)	42.88㎡(12.97坪)	51㎡(15.49坪)
建物	施工会社	○○建設	○○工務店	○○建設	○○組	○○建設
	分譲業者					○○建設
	マンショングレード		◎			△
	階層	2階	3階	3階	2階	3階
	間取り	2LDK	1K	2LDK	1LDK	1LDK
	バルコニー	9.75㎡	6.03㎡	3.71㎡	3.25㎡	○
	リニューアル	△	△	室内クロス等	△	△
	方位	南東	東	南		
	眺望	△	○		△	△
	オートロック	○	○	×	○	×
	ウォシュレット	○	○	○	○	×
	システムキッチン	○	○	○	○	×
	その他設備	追焚・洗髪化粧台			追焚・洗髪化粧台	
	駐車場	○（20,000円）				×
	駐輪場	○		○		○
	管理	巡回	日勤	巡回	自主	日勤
	地盤		○	△	△	◎
コスト1	管理費	15,649円	12,530円	12,990円	12,870円	17,000円
	修繕積立金	4,835円	8,800円	14,867円	2,380円	10,000円
	地代	4,000円				
収支	想定賃料（月額）	130千円	150千円	150千円	130千円	160千円
	想定賃料（年額）	1,560千円	1,800千円	1,800千円	1,560千円	1,920千円
	費用（年額）	470千円	540千円	540千円	470千円	580千円
	表面利回り	7.20%	7.50%	7.30%	5.80%	7.10%
	実質想定利回り	5.00%	5.30%	5.10%	4%	5.10%
	その他	借地期間満了の15年4カ月後に更新料。建替えの可能性もあるか。	個別空調？	1階は飲食店舗		1階は飲食店舗
	ポイント	やや郊外ではあるが駅至近の立地。賃貸立地で間取りも効率的で設備良好。問題は借地権をどうみるか。	立地・マンショングレードはともに高い。問題は築年と耐震性及び建物の間取り	立地は良好。問題はグレードといい設備。	エリアの割には賃料が取れない。築年による耐震性がやや不安。	立地はベスト。マンショングレードは標準。1階店舗業務混在。
出口資産価格	想定敷地持分	32㎡	17㎡	13㎡	13㎡	14㎡
	更地価格	800万円	1,590万円	936万円	1,000万円	2,365万円
	建物解体費	187万円	154万円	190万円	155万円	186万円
	敷地権価格	613万円	1,436万円	746万円	845万円	2,176万円
	新築価格		4,000万円	4,200万円	4,000万円	5,500万円
	評価	B'	A'	A'	B	A

マンション（空間価値）の価格構造

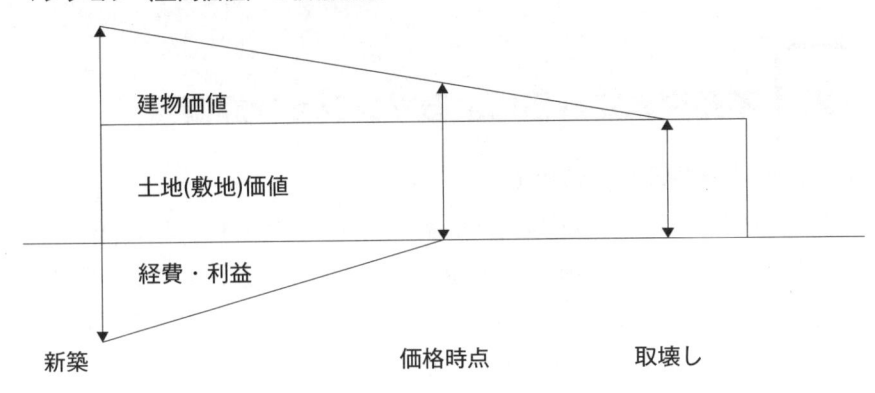

```
           建物価値
           土地(敷地)価値
           経費・利益
  新築           価格時点        取壊し
```

　不動産価格の上昇は、建物価格の上昇のケースもまれにありますが、P.7～8の地価公示のデータのとおり地価によるものです。戸建住宅の場合は地価が変動しても地価の変動率が把握しやすいのですぐに土地建物価格の評価ができます。マンションも敷地持分に変動率を乗じることで敷地持分価格を把握することができますが、マンションの流通価格は比例的な変動はしません。マンション同士の価格形成要因の比較をする場合も、駅徒歩5分と10分のマンションを比較する場合には、5分を0にして10分をマイナス5と指数化して直接比較して価格を査定します。戸建てであれば土地と建物を区分して、土地価格のみマイナス5としますが、マンションの場合には専有部分の価格そのものという違いがあります。膨大なマンション取引データを使って、統計的な処理をすれば、価格形成要因ごとの解析ができるのかもしれませんが、後述の不動産鑑定評価取引事例比較法（比準価格）の試算でもマンションの価格形成要因の数値化は構成割合による修正はしていません。

　取引価格は市場価格とイコールなのですが、マンションの市場価格は取引価格の値付け段階で土地・建物・販管費を一体化して評価しているので、価格構成と時間軸を使って求める原価法の積算価格とは乖離する可能性が高くなります。

　上記のリスト作成のためには、不動産鑑定評価の評価手法を使うこと

になります。

(2) 不動産鑑定評価によるマンション評価

① 区分所有建物及びその敷地

　不動産の類型は、不動産鑑定評価基準で有効利用の状態とその権利関係によって区分される不動産の分類をいいます。最もシンプルな類型は建物がなく有効利用がされていない状態の土地、更地で、建物があり土地建物一体で有効利用されているビル等の場合には、自用の建物及びその敷地あるいは第三者に建物を賃貸している場合には貸家及びその敷地となります。マンションは、更地の上に複数の住戸を持つ建物をデベロッパー等が建設し、その住戸を複数の人々が所有することにより形成される権利で、類型として区分所有建物及びその敷地になります。

　不動産鑑定評価基準では、区分所有建物及びその敷地（マンション1室）の評価について下記のとおり定義します。

区分所有建物及びその敷地の鑑定評価

○専有部分が自用の場合

　区分所有建物及びその敷地で、専有部分を区分所有者が使用しているものについての鑑定評価額は、積算価格、比準価格及び収益価格を関連づけて決定するものとする。積算価格は、区分所有建物の対象となっている一棟の建物及びその敷地の積算価格を求め、当該積算価格に当該一棟の建物の各階層別及び同一階層内の位置別の効用比により求めた配分率を乗ずることにより求めるものとする。

○専有部分が賃貸されている場合

　区分所有建物及びその敷地で、専有部分が賃貸されているものについての鑑定評価額は、実際実質賃料（売主が既に受領した一時

> 金のうち売買等に当たって買主に承継されない部分がある場合には、当該部分の運用益及び償却額を含まないものとする。）に基づく純収益等の現在価値の総和を求めることにより得た収益価格を標準とし、積算価格及び比準価格を比較考量して決定するものとする。

　上記の比準価格・収益価格・積算価格は、取引事例比較法・収益還元法・原価法の3手法に基づく価格です。1棟のビルも賃貸マンションもGMSも小売店舗もこの手法により求められた、それぞれの試算価格を調整し評価額が決定されます。マンションであれば、ファミリーもワンルームも、また新築も中古も評価方法は変わりません。ただし、定義のとおり居宅等として自分で使用している場合には、比準価格・収益価格・積算価格が同格に位置付けられていますが、賃貸されている場合には収益価格が標準とされ、比準価格・積算価格はやや補完的な手法になります。

　また、更地としての評価は下記のとおり定義されていますが、マンション敷地（用地）の場合には次ページの表の開発法が重視されます。

> 更地の鑑定評価額は、更地並びに自用の建物及びその敷地の取引事例に基づく比準価格並びに土地残余法（建物等の価格を収益還元法以外の手法によって求めることができる場合に、敷地と建物等からなる不動産について敷地に帰属する純収益から敷地の収益価格を求める方法）による収益価格を関連づけて決定するものとする。再調達原価が把握できる場合には、積算価格をも関連づけて決定すべきである。当該更地の面積が近隣地域の標準的な面積に比べて大きい場合等においては、さらに次に掲げる価格を比較考量して決定するものとする（この手法を開発法という）。
> 　(1)一体利用をすることが合理的と認められるときは、価格時点におい

> て、当該更地に最有効使用の建物が建築されることを想定し、販売総額から通常の建物建築費相当額及び発注者が直接負担すべき通常の付帯費用を控除して得た価格

　マンションには用地取得・新築・中古・取壊し等のステップごとに下表のような独特の価格メカニズムが働きます。不動産鑑定評価基準による4つの試算価格はこのメカニズムに基づいて理論化されています。

	価格の特徴	鑑定評価上の試算価格
a	新築時のマンション分譲価格には土地価格と建設費に経費と開発利益等がオンされている。分譲後は経年により、建物の物理的な劣化と経費及び開発利益等の償却分が減価されていく。	積算価格
b	同一エリアの類似性の高いマンションの取引価格や売出価格との比較により、マンションは評価され市場価格を形成していく。ただし、築年の古いマンションの流通価格を分析すると、建物の使用期間（償却）を法定耐用年数程度で織り込んだ価格に近似する。	比準価格
c	同じマンションでも賃貸物件として売却する場合には利回り重視の収益価格が指標となり、空室で居住用として売却する流通価格より低くなる。	収益価格
d	マンション用地購入の価格は完成後の分譲価格から逆算して評価した価格に基づいて評価され、取引の段階で決定される。	開発法による土地価格（入口・出口）

　中古マンションの取引価格（市場価格）は、マイホームとしての市場では類似マンションの取引価格や売出価格を参考にして求められた価格、投資市場では売出価格と表面利回りを指標として形成されています。鑑定評価では3手法の適用により求めた3試算価格を関連付けますが、決定に際して自用は比準価格、賃貸は収益価格重視となります。結果として積算価格は参考価格に位置付けられます。

鑑定評価では積算価格を求める際の新築の平均寿命を全耐用年数、中古の平均余命を残存耐用年数と規定しますが、第Ⅱ章の結論に基づいて、全耐用年数50年を65年にして評価すると、当然建物の価格部分は残存耐用年数が延びるのでアップすることになります。

　収益価格ではDCF法にして残存耐用年数に対応した収益期間と出口を敷地持分価格とすれば、期間の延びる分だけ価格が変化しますが、直接還元法では直接の影響はありません。

　比準価格の場合にも全耐用年数が延びることで、評価に際して経年減価をするのであれば減価が少なくなる分価格アップしますが、経年が違っても専有部分全体の価格で経年減価をするので、バランスを欠くことになります。経年の近いマンションとの比較で評価するのなら影響はありません。

　そこで、各試算価格（評価手法）の評価の流れを解説し、耐用年数を変更すると価格がどう変化するのかを検証します。

② 積算価格（原価法）

　不動産鑑定評価では積算価格（原価法）について、下記のとおり規定しています。

> 原価法は、価格時点における対象不動産の再調達原価を求め、この再調達原価について減価修正を行って対象不動産の試算価格を求める手法であり、区分所有建物及びその敷地の場合には、まず1棟の建物及びその敷地の積算価格を求め、次いで当該積算価格に当該1棟の建物の各階層別及び同一階層内の位置別の効用比により求めた配分率を乗ずることにより求める。（ただし、階層別効用比等については、簡便法として分譲時に階層・同一階層内の位置・間取り・専有面積等を基に評価した結果である敷地共有持分を用いる）

A．再調達原価

　再調達原価は当該マンションが新築の場合の1棟の建物及びその敷地の価格を求めることになります。

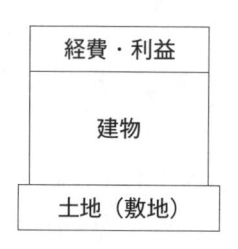

土地価格	X	（注）
建物価格	Y	
経費	（X＋Y）＊0.3	
投下資本利益		
新築マンション1棟の価格	（X＋Y）＊1.3	

（注）土地価格は通常はマンション用地の更地等の取引事例により求めますが、記述のとおりデベロッパーは、マンションの専有面積・間取り・グレード等とそれに対応する分譲価格を査定し、建築費・設計監理費・販売管理費・広告宣伝費・開発負担金・投下資本利益（開発利益）等の予想額を検討して、分譲想定価格から費用と利益を控除して用地の更地価格をシミュレーションするので、評価としては循環してしまうのですが、想定した新築マンションの販売総額から、建物の建築費及び発注者が負担すべき付帯費用等を控除して求めた開発法による土地価格のほうが説得力があります。当該マンションの現在の新築分譲価格から土地価格を査定するからです。

B．減価修正

　再調達原価に対して現時点の経年減価（$\alpha \cdot \beta$）を織り込んだマンション1棟の建物及びその敷地の価格を求めます。

土地価格	X	（注）
建物価格	$Y*(1-\alpha)$	

経費	$(X+Y)*0.3*(1-β)$
投下資本利益	
価格時点のマンション1棟の価格	$X+Y*(1-α)+(X+Y)*0.3*(1-β)$

（注）通常は土地については減価が発生せず、再調達原価（新築想定）の土地価格とイコールとなります。

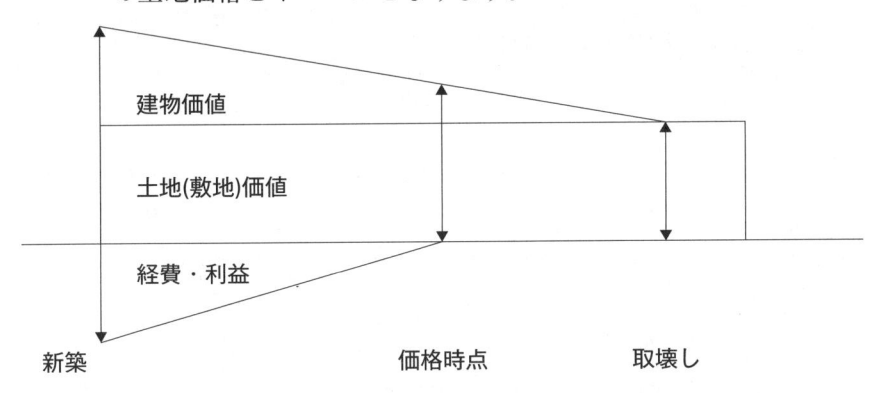

```
        建物価値
        土地(敷地)価値
        経費・利益
新築        価格時点        取壊し
```

　デベロッパーが1棟のマンションを開発し、分譲する場合には新築の分譲価格には販管費等がオンされますが、賃貸物件にする場合には販売費用は発生しません。融資を受けてローンの返済をする場合も、金利は賃貸事業の中でランニングコストとして吸収することになります。この場合の評価は、積算価格ではなく収益価格になります。

　分譲マンションの新築価格にオンされている販管費等は経年による建物減価と同じように減価されていきます。この減価あるいは償却に理論はありません。企業会計では「買収された企業の時価評価純資産」と「買収価額」との差額を「のれん」と規定し、のれん価値が持続すると思われる期間（20年以内）にわたり規則的に償却するとしています。また、建物の減価償却についても、躯体は通常は50年程度で、設備は20年程度で査定しています。類似したものと比較するなら、積算価格の試算上は20年程度が妥当な水準になるだろうと思います。

前ページの表に当てはめるなら、価格時点は築後20年が経過して販管費等の価格構成部分がなくなった状態を表しています。市場の取引価格にはどう反映されているかは推測になりますが、「評価シート」を作成した４物件については築30年超で、残りの１物件も20年超ですが、それぞれの積算価格を試算して販管費等の価格分が残っているかを査定すると、下記のとおりでした。

土地価格・公示価格規準としての査定

	マンション名	売出価格(A)	土地価格(B)	建物価格(C)	A-B-C	備考
Ⓐ	芦花公園	2,200万円	800万円	900万円	500万円	更地価格ではなく借地権価格
Ⓑ	参宮橋	2,400万円	1,590万円	400万円	410万円	
Ⓒ	不動前	2,500万円	936万円	650万円	914万円	
Ⓓ	白金高輪	2,700万円	1,000万円	500万円	1,200万円	
Ⓔ	半蔵門	2,700万円	2,365万円	600万円	－265万円	積算価格よりも安い

ただし、上表の土地価格は各マンションの正面路線価を0.8で除して地価公示価格の水準で試算しています。下表の土地価格は開発法による新築分譲価格から建築費・販管費・投下資本利益等を控除して求めた土地価格です。Ⓐは借地権なので分譲価格の査定が難しいので試算していません。

土地価格・開発法による敷地価格としての査定

	マンション名	売出価格(A)	更地価格(B)	建物価格(C)	A-B-C	備考
Ⓑ	参宮橋	2,400万円	2,200万円	400万円	－200万円	積算価格よりも安い
Ⓒ	不動前	2,500万円	2,000万円	650万円	－150万円	積算価格よりも安い
Ⓓ	白金高輪	2,700万円	2,100万円	500万円	100万円	

| Ⓔ | 半蔵門 | 2,700万円 | 3,300万円 | 600万円 | −1,200万円 | 積算価格よりも安い |

　4物件の開発法による土地価格という前提になりますが、A-B-Cを販管費等の価格と仮定すると、30年経過するとほぼ減価償却が終わっていると推定していいのかもしれません。いずれにしても、積算価格で分析すると売出価格を別の観点からチェックすることができます。特に半蔵門の物件はこの中では最も立地がいい物件であり、それが敷地の価値に反映されているのですが、市場では評価されていないといえます。

③ 収益還元法（収益価格）

　A．キャップレートの査定

　不動産検索サイトでマンション1室の投資物件を検索すると、開示されている情報は売出価格と満室の場合の表面利回りです（次ページの表）。購入に向けての交渉段階になると、契約条件・テナント情報・費用明細・建物の修繕履歴・管理等の情報も入手できますが、まずはこれだけの情報で絞り込むことになります。人気のある不動産投資の検索サイトから、候補物件を選んでキャップレートを査定します。

「Home's 不動産投資」より検索して作成

渋谷区内・○○○駅徒歩11分・2980万円・表面利回り6.36％

築年	15年		
間取詳細	１Ｋ、洋室13.3帖（１階）×１		
総区画／戸数	69戸	満室想定年収ポイント解説	189万5,280円
管理費等	１万1,000円（税込）	修繕積立金	3,260円
主要採光面	西	バルコニー面積	6㎡
建物構造	SRC（鉄骨鉄筋コンクリート）	所在階／階数	１階／13階建
駐車場	──	土地権利ポイント解説	所有権
建ぺい率／容積率	──	国土法届出	不要
専有面積	40.80㎡		
現況ポイント解説	満室賃貸中	引渡ポイント解説	相談
管理ポイント解説	管理員/日勤、管理形態/全部委託、管理組合/有		
設備・条件	家賃保証付き、満室賃貸中、公営水道、都市ガス、下水、専用バス、専用トイレ、バス・トイレ別、シャワー、ガスコンロ、コンロ３口、システムキッチン、給湯、追い焚き、エアコン、室内洗濯機置場、オートロック、専用庭、バルコニー、宅配ボックス、タイル貼り、光ファイバー、温水洗浄便座		
備考	専用庭使用料：500円		
	利回り、賃借人使用のお部屋・専用庭あり・２線２駅利用可・室内は綺麗・管理体制良好のマンション		

　デベロッパー・リート・不動産ファンド等の投資不動産市場では、取引指標はキャップレート（注）ですが、個人投資家向けの投資不動産は満室想定の賃料収入（月額賃料×12カ月）を売出価格で除した表面利回りが指標です。物件同士を比較するには表面利回りは便利なのですが、空室リスクを織り込んだ収入から費用を控除した純収益を求めないと採

算性がわかりません。下記の（注）のとおりキャップレートは、収益価格を求める場合は還元利回りを指すのですが、投資家サイドは取引利回りと位置付けています。

　（注）キャップレートとは、単年度純収入（NOI）と不動産価格（V）との関係（CR=NOI/V）を示す総合還元利回りのことをいいます。不動産証券化のアセットマネジメントや投資家サイドでは投資利回り（取引利回り）的な意味合いが強く、不動産鑑定評価では直接還元法で採用する還元利回りを意味し、この場合の純収入は、賃貸収入から管理運営に要した費用（借入金返済額や資本的支出を控除する前の費用）を控除した純（正味）営業収益をいうNOI（Net Operating Income）ではなく、NOIからさらに資本的支出（長期修繕計画費や修繕積立金等）を控除したネットの現金収入を意味する純収益NCF（Net Cash Flow）となります。

前ページ物件の要因分析（内覧前・印象・問題点）

立地	アクセス	地下鉄東京メトロ日比谷線○○駅徒歩11分 JR山手線○○駅徒歩13分 都心中心部の各ビジネス街30分圏
	環境	人気のエリア。このマンションの立地する区域は準主要幹線にあって、店舗等が混在する。利用できる2駅の人気が高いので、テナント確保は容易と推定。
建物	概要	中規模・管理普通・建物グレード普通
	設備	標準的
専有部分	概要	1階（×）・専用庭（○?）
	設備・内装等	室内綺麗と表示されているが、築15年であり今後10年の間にリニューアル必要と判断（オーナーチェンジ・内部は見れない）

サイトの検索シートに基づいて、費用項目で不明のものは次ページの

表のとおり査定し、キャップレートを求めます。ただし、この段階では更新料については不明なので、計上しません。

a．標準的キャッシュフローの査定　　　　　　　　　　（単位：円）

		資料 月額	満室時 年額	更新時 年額	標準化 年額	備考
賃料		157,940	1,895,280	1,800,000	1,800,000	市場賃料よりやや高い（注1）
空室リスク				450,000	112,500	（注2）
費用	管理費	11,000	132,000	132,000	132,000	標準的金額よりやや高い
	修繕積立金	3,260	39,120	39,120	39,120	標準的金額よりかなり低い
	専用庭使用料	500	6,000	6,000	6,000	
	公租公課		150,000	150,000	150,000	査定
	損害保険料		10,000	10,000	10,000	査定
	PMフィー	5,000	60,000	60,000	60,000	査定
	仲介手数料			150,000	37,500	入居に際して発生（注3）
	修繕費等			50,000〜2,000,000	110,000	収支上は計画的に計上（注4）
	計	19,760	397,120		544,620	
純収益			1,498,160		1,142,880	

（注1）標準化に際しては月額賃料を150,000円にダウン。
（注2）標準化に際しては賃貸契約を4年とし、退去後3カ月空室とし平均化。

（注3）標準化に際しては賃貸契約を4年とし、仲介手数料を平均化。
（注4）標準化に際しては今後20年間で2,200,000円のリニューアル費用を計上し平均化。

b．取引利回りとしてのキャップレート

標準化されたキャッシュフローによる取引利回りとしてのキャップレートは下記のとおり。4％を切るので金利上昇に対してリスクが高くなります。

		価格	純収益
表面利回り	6.36%	29,800,000円	1,895,280円
キャップレート（取引利回り）	3.83%		1,142,880円

利回りを上げるためには、交渉により売出価格をダウンさせなければなりません。この下表の流れは収益価格を求めるのと同じです。

純収益	1,142,880円		
キャップレート	3.83%	4.5%	5％
売出価格	29,800,000円	25,400,000円	22,900,000円
		約15%の減額	約23%の減額

B．収益価格の仕組み

不動産鑑定評価基準では収益還元法について下記のとおり定義しています。

> 収益還元法は、対象不動産が将来生み出すであろうと期待される純収益の現在価値の総和を求めることにより対象不動産の試算価格を求める手法である（この手法による試算価格を収益価格という）。収益還元法は、賃貸用不動産又は賃貸以外の事業の用に供する不動産の価格を求める場合に特に有効である。
> 　収益価格を求める方法には、一期間の純収益を還元利回りによって還

> 元する方法（以下「直接還元法」という）と、連続する複数の期間に発生する純収益及び復帰価格を、その発生時期に応じて現在価値に割り引き、それぞれを合計する方法（Discounted Cash Flow 法（以下「DCF 法」という））がある。

不動産証券化の定着により DCF 法が重視される時代です。賃貸不動産の賃料から費用を控除して求められる一定期間（例えば10年間）のキャッシュフローから求めた純収益と、一定期間経過後（10年経過後）の転売価格（収益価格）を予測して現在価値に割り引いて収益価格を求める手法です。賃料も費用も時間の経過の中で変動していきます。10年後であれば建物も劣化し金利も変動します。この変動幅を予測してキャッシュフローを査定し、さらにリスクや純収益の変動を織り込んだ利回り（割引率・最終還元利回り）で還元するので、より客観的で合理的だからです。

マンション1室の評価でも「直接還元法」「DCF 法」の両手法を適用できます。事業収支については、後述のとおりローンの支払いと納税額を織り込んだ IRR を指標として期間中の収支を査定しなければなりませんが、IRR の判定は DCF 法の評価と表裏一体の関係になります。したがって、投資の立場では一定期間（例えば10年間）のキャッシュフローの純収益（キャッシュフローと税引き後利益）と一定期間経過後（10年経過後）の転売価格（収益価格）については IRR の判定で求め、売値の妥当性は直接還元法で検討するほうが合理的です。直接還元法は極めて単純です。「収益価格＝純収益／還元利回り（キャップレート）」の関係になります。ただし、実際の投資では投資物件には売値が付いています。投資判断のためには、先ほどのキャップレートの査定の方法で、現行賃料の水準・空室リスク・リニューアル費用等を分析しながら実際の賃貸収支に近い収支を想定した純収益を求め、実質的な取引利回りであるキャップレートを査定し、売値で購入した場合の事業収支の可

否について検証することになります。

　ただし、ここでは価格の妥当性を検証する立場から、直接還元法について解説します。収益価格の特徴は、賃料（収入）から固定的な費用と将来発生する可能性の高い費用（リニューアル費用等）とリスク（賃料変動・空室）を控除して純収益を求め、さらに金利水準と物件の様々なリスクを利回りに織り込んで不動産価格を求めるという点にあります。積算価格は土地価格と建物等の原価、比準価格は取引価格という不動産価値によって価格を求める手法ですが、収益価格は賃料という不動産の使用価値とその不動産のリスクを反映する利回りによって価格を求めるという、まったく切り口の違う手法です。不動産価格で価格を決定する手法は、使用価値の極めて低い不動産であっても、原価や類似不動産の取引価格から価格を出すので、マイナスということがない物差しです。収益価格は収支がマイナスになれば価格もマイナスという極めて合理的な手法です。インフレになって賃料が上がっても、将来反動で下がる予測が妥当であればそのシナリオどおりに価格が決定されます。積算価格や比準価格は将来の予測を織り込むことができないので、現在そのままを映す価格です。

　　a．純収益

　マンション1室の評価では、収入も支出もよりシンプルになります。1室のワンルームもファミリーも収支項目は変わりません。1棟のビルやレジデンスも木造アパートももちろん収支構造は変わりませんが、収支の項目特に支出の項目が多くなります。ここでは、一期間の純収益を還元利回りによって還元する直接還元法をモデルにして、マンション1室の収支項目を挙げながら、純収益を査定します。

　〈前提条件〉

　先ほどのHome's投資不動産サイトの物件の収益価格を求めます。ただし、空室の状態で購入し、リニューアルをしないで3カ月後にテナントがつくものとします。賃貸契約は期間2年の普通賃貸借とします。

項目	金額	査定根拠
適正賃料	月額150,000円（3,333円/㎡）	同一マンション及びエリア内の成約賃料及び募集条件により査定
礼金	150,000円（1カ月）	同上
敷金	150,000円（1カ月）	同上
更新料	150,000円（1カ月）	同上 50％は管理会社に支払う

（注）シミュレーションでは4年後に転居し、3カ月後に同額で入居とします。

支出

項目	金額	備考
管理費	月額11,000円	共用部分の管理費用・実額
修繕積立金	月額3,260円	実額（安いが補正せず）
専用庭使用料	月額500円	
固定資産税等	年額150,000円	査定
損害保険料	年額10,000円	専用部分の保険料を負担
PMフィー	月額5,000円	賃貸管理会社への支払
仲介手数料	年平均額37,500円	4年に1度賃料1カ月
修繕費（リニューアル含む）	平均年額11,000円	20年間の修繕費220万円とし平均化

　この条件で1年間の純収益を査定します。テナントの退去の年と退去のない年では収支が異なるので、20年間の平均をとって標準化した純収益を求めます。

(単位：円)

		資料 年額	初年度・入替期 年額	満室時 年額	更新期 年額	標準化 年額
収入	賃料	1,800,000	1,800,000	1,895,280	1,800,000	1,800,000
	礼金		150,000			37,500
	更新料				75,000	18,750
	空室リスク		450,000		450,000	-112,500
	計		1,500,000			1,743,750
支出	管理費	11,000	132,000	132,000	132,000	132,000
	修繕積立金	3,260	39,120	39,120	39,120	39,120
	専用庭使用料	500	6,000	6,000	6,000	6,000
	公租公課		150,000	150,000	150,000	150,000
	損害保険料		10,000	10,000	10,000	10,000
	PMフィー	5,000	60,000	60,000	60,000	60,000
	仲介手数料		150,000			37,500
	修繕費等		50,000～ 2,000,000		50,000～ 2,000,000	110,000
	計	19,760		397,120		544,620
純収益				1,498,160		1,199,130

b．還元利回り

収益還元法の還元利回り（キャップレート）は、標準化された純収益に対応します。リート等の証券化市場における東京都心中心部の1棟の築浅レジデンスの標準的な還元利回りは5％前後が一つの目安になります。同じエリアのグレードの同じ1室のマンションと1棟の賃貸レジデンスとを比較して、リスクが高いのはどちらかという問題は残りますが、同じでバランスすると仮定するとこの物件は4.8～5.3％です。

純収益	1,199,130円		
キャップレート	4.8%	5.0%	5.3%
売出価格	25,000,000円	24,000,000円	22,600,000円

　鑑定評価額はピンポイントであり2,400万円ですが、投資の立場からはレンジで試算しないとアッパーの金額が見えません。「何が何でも5％・2,400万円でなければ」ということではないのです。概ね5％、2,400万〜2,500万円なら適正水準です。

　本物件は分譲タイプのコンパクトですが、同じ階で空室の同タイプはさらに200万円ほど高く売り出されています。2,980万円は同じエリア内の売出物件の価格と比較するとほぼ妥当な水準です。しかし、収益価格を物差しにすると500万円は高いという判定になります。

　この一連の流れはキャップレートの査定と同じです。違うのは、査定したキャッシュフローを、このマンションに妥当と思われる還元利回りを選択して価格を求めている点です。価格が結果という点です。

　不動産については情報の透明化が進んでいないといわれますが、不動産証券化市場が普及したことで、法人投資家間での売物件の情報開示は進んでいます。ただし、個人向けの投資不動産の情報開示の仕方はまさに不透明であり、満室想定の表面利回りは過大に評価されるため、売手サイドが不利な情報を隠しているような不透明感が抜け切れません。

　したがって、個人投資家は空室リスクや建物の将来発生する修繕費用等を織り込んだ予想キャッシュフローに基づくキャップレートを自分で査定し、実質的な収益性を検証する必要があります。

④ **取引事例比較法（比準価格）**
A．取引価格と価格形成要因
（経年減価の問題）
　売手は対象マンションについて、取引された他のマンションや市場に

売り出されているマンションと立地等の価格形成要因を比較しながら、取引価格（売値）を検証し売値を決めます。買手は複数の物件を比較し価値があると判断した物件で価格が適正と判断した物件を購入することになります。仲介の場面でも、不動産業者が売却価格の査定根拠として使用する価格査定マニュアルも取引データに基づくもので、条件を入力すると自動的に価格が算出されるようになっています。マンションの場合は実際に売買されたマンション事例と、売却の対象となるマンションとを、住戸の位置・専有スペースの状況・共用部分・交通・立地等の要因ごとに評点を出して比較し、事例の取引価格をもとに対象マンションの価格査定を行います。公益財団法人不動産流通近代センターの価格査定マニュアルに基づいて作成されたマンション（居住用）簡易査定シートが、ネットに掲載されています。築10年・最寄駅徒歩10分の標準マンション100に対して、築5年・最寄駅徒歩5分でグレードの高いマンションは149と50％アップになります。また、他の条件を同じにして築年だけ数値を変更した結果が下表です（e-物件情報 HP より）。

築年	ポイント
5年	107.5
10年	100.0
20年	82.5
30年	60.0

手法としては不動産鑑定評価で規定する取引事例比較法です。膨大なマンションデータを独自に保有管理する不動産データサービスでは、次ページのとおり不動産流通近代センターの価格査定マニュアルにリンクしたシステムだと思いますが、エリア内の取引事例・賃貸事例等を時系列に分析して自動計算により価格と賃料の査定までしてくれます。

不動産鑑定が評価案件ごとにマンション事例を入手し、一つ一つ分析しながら評価を行う、いわばアナログ評価であるのに対して、仲介の場

マンション簡易査定

標準マンションをもとに計算	近隣の成約事例をもとに計算
算出式…A*B /100*C	■算出式…A/B *C/D*E
A．標準マンションの㎡単価（万円） B．査定マンションの評価ポイント 　（上のフォームを使って出します） C．査定マンションの専有面積（㎡）	A．事例マンション（※）の成約価格（万円） B．事例マンションの専有面積（㎡） C．査定マンションの評価ポイント 　（上のフォームを使って出します） D．事例マンションの評価ポイント 　（上のフォームで同様に出します） E．査定マンションの専有面積（㎡）
標準マンションの概要	※採用する事例はできるだけ最新なもので、査定物件と類似したものであること。なお、以下の事例は査定マンションと比較することができません。

標準マンションの概要		近隣の成約事例をもとに計算（続き）
交　通	同じ最寄駅から徒歩10分	
築　年	築後10年	1．新築マンションの事例
向　き	南向き	2．徒歩圏とバス圏の比較
所在階数	エレベーター付きの場合は3・4階、階段の場合は2・3階	3．エレベーター付きと階段のみのマンションの比較
分譲・施工	普通の程度	4．単体型と団地型マンションの比較
		5．築年数の差が10年を越える事例

面で不動産業者が行うのは、一定の条件は自動計算にするデジタル評価といえます。マンションの場合にはデータが整備されているのと、他の不動産よりも共通の比較項目が多いので自動計算がしやすいのは確かです。

ただし、積算価格で解説したとおり、土地価格に建物価格がオンされる戸建住宅と違って、マンションの価格は土地建物一体の空間価値の価格ですが、時間の経過の中で建物価値だけが減価されて出口は取壊しにより敷地の価値だけになるはずです。

第Ⅱ章3（3）のマンション敷地価格で分析したように、同じグレード（建築費・販管費・利益の額は同じに設定）の72㎡の新築マンションであっても、敷地の地価単価の違いにより都心と郊外では分譲価格は当然ですが、土地・建物の構成割合も違ってきます。積算価格で分析すると、地価の高い都心は敷地価格の割合が新築時の分譲価格に対して42％と高いので、築年により建物等の減価が進んでも地価が下がらない限りは42％を下回らないことになります。

マンション簡易査定

●各項目について物件内容に当てはまるものを選んでください

	比較項目			
1	交通の便	徒歩圏	最寄駅へ徒歩で	～10分
		バス圏	最寄駅へバスで	未選択
			バス停へ徒歩で	未選択
			バスの運行頻度	未選択
2	周辺環境			普通（一般住宅
3	眺望・景観			普通
4	騒音・振動			無
5	外壁の仕上材			普通
6	エントランス			普通
7	築後経過年数			20年
8	分譲会社の信用度			Bランク
9	建設会社の信用度			Bランク
10	管理員の勤務形態			日勤（週5回）
11	共用部分の保守・補修・清掃等の程度			普通
12	敷地利用権の種類			所有権
13	階層	エレベーター付のマンション		未選択
		階段のみのマンション		未選択
14	開口部の方位			南向き
15	間取り			普通
16	室内の仕上・保守状況			普通
17	バルコニーの広さの割合			床面積の10%
18	駐車施設			戸数の40%
19	専用庭			無
20	修繕積立金制度			有
21	自転車置場			有
22	日照・通風の阻害度			無
23	その他	集会室有		
		専用トランクルーム有		
		オートロック付		
		付帯施設有（テニスコート等）		
82.5 リセット		査定マンションは ポイントです。		

第Ⅲ章　マンション投資の判断基準

ただし、土地・建物の構成割合により価格形成要因を区分し、例えば立地は土地に帰属する要因としてしまうと、郊外であれば価格全体の13%の範囲での評点になり、また、都心と郊外では駅距離等の要因による評点が異なるという問題も出てきます。

1室（72㎡）分譲価格（円）	33,035,294円	60,564,706円
敷地価格割合	13%	42%
建物価格割合	64%	35%
経費利益割合	23%	23%

一方で、マンションの寿命も法定耐用年数とイコールではないので、いつ建物価値がゼロになるかという問題があります。簡易査定シートでは築年は30年までしか入力できないようです。

(性能評価)

マンション購入を考える人々のサイト「マンション評価ナビ」(注)は、マンションの性能評価の観点から次表のとおり優先順位の高い検討項目を6つに分類し、この分類基準に基づきさらに細項目に分けて、東京エリアの中古マンションを中心に新築マンションも併せて評価しています。女性のマンション購入者がターゲットということもあって、感性が重視されたものになっています。評価項目は、エリアに対しての利便性・安全性、建物に対しての快適性とセンス、価格と賃料の経済合理性に集約されるようです。

　(注)「マンション評価ナビ」は株式会社風の運営するサイトで、新築マンションと中古マンションについて、拠点性・住環境・居住性（共用部分）・居住性（住戸）・維持管理の5項目と総合評価により評点をつけています。なお、次表の細項目は、評点付けの項目ではなく、同サイトの（マンション選びのモノサシ「評価基準って何？」）から抜粋しています。

それにしても性能評価（価格形成要因）と価格をどのようにマッチン

グさせるのかというのは、難しい問題です。マンション価格の中で立地の要因がどのくらいのウエイトなのか、耐震リスクをどの程度減価するのか、不動産の持つ雰囲気のよさとは何なのか。

比較項目	細項目
Ⅰ．拠点性の高さ	1．都心に近くて通勤に便利
	2．便利で楽しい暮らしができる街
	3．将来さらに発展する街
Ⅱ．住環境の良さ	4．閑静な住環境
	5．将来にわたり住環境が良い街
	6．災害の危険が少ない街
	7．毎日の暮らしに危険の少ない街
Ⅲ．棟内の居住性の良さ	8．丈夫で長持ち、性能・品質が良い
	9．ゆとり、グレード感のある建て方
	10．生活施設が充実している
	11．生活サービスが充実している
	12．セキュリティがしっかりしている
	13．カーライフが充実している
	14．ペットが飼える
Ⅳ．室内の居住性の良さ	15．日照・通風・採光・喚気が良い
	16．夏涼しく、冬暖かい
	17．遮音性が高い
	18．すっきりして解放感のある空間
	19．間取りが良い
	20．収納が十分
	21．将来のリフォームがしやすい
	22．電気・通信インフラが充実している
	23．省エネ・環境対応
	24．より便利で快適に暮らせる設備

Ⅴ. デザイン性の高さ	25.	外観・共有施設のデザイン
	26.	自分らしい住空間が創れるか
Ⅵ. 経済性の高さ	27.	販売価格の妥当性
	28.	貸しやすさ
	29.	売りやすさ

B．比準価格の仕組み

　不動産鑑定評価基準では取引事例比較法について下記のとおり定義しています。

> 　取引事例比較法は、まず多数の取引事例を収集して適切な事例の選択を行い、これらに係る取引価格に必要に応じて事情補正及び時点修正を行い、かつ、地域要因の比較及び個別的要因の比較を行って求められた価格を比較考量し、これによって対象不動産の試算価格を求める手法である（この手法による試算価格を比準価格という）。
>
> 　取引事例比較法は、近隣地域若しくは同一需給圏内の類似地域等において対象不動産と類似の不動産の取引が行われている場合又は同一需給圏内の代替競争不動産の取引が行われている場合に有効である。

　マンション1室の評価であれば、対象となるマンション1室と、同一マンション内での取引事例や同じエリア内のタイプの類似したマンション1室の取引事例について、取引時点と価格時点の期間変動率をもとにして修正を行ってから、エリア内の立地・接近性、グレード・管理・修繕の程度、眺望・日照・通風等を計量化して比較検討し対象マンションの比準価格を求めます。また、専用スペース内の状態・設備等の更新等については、内覧が前提になりますが、経年劣化や損傷等による修繕・リニューアル等が必要であれば工事費用の査定をしながら、比準価格を決めることになります。

居住用の中古マンションの評価で最重視される手法です。中古マンションの取引については情報化が進んでおり、分譲開始の新築価格から中古で取引されたものまで1棟1棟のマンションの1室ごとの取引データが時系列で整備されています。取引価格は市場価格（時価）であり、あそこの3LDKのマンションが3,000万円ならば、この3LDKのマンションは築浅で駅まで近いので3,500万円はするという客観的で説得力のある手法です。

　前述の不動産流通近代センターの価格査定マニュアルと評価の仕組みも同じ構造ですが、不動産鑑定の場合はアナログ評価です。入手した取引事例と対象マンションを土地建物の価格形成要因を区分して比較しながら、細目ごとの評点はつけずに大項目に集約させて評点付けをします。事例のマンションを100とすると対象マンションは115と最終形は価格査定マニュアルと同じです。

　ただし、マンションの価格形成要因を下記に列挙しましたが、各価格形成要因と価格の相関については、土地建物の複合不動産であり土地の価格形成要因と建物の価格形成要因が複合しますが、空間価値である専有部分を決定する価格形成要因がさらに追加になります。したがって、更地や賃貸ビル（及び敷地）等よりも価格分析に際して検討すべき要因が圧倒的に多くなります。ただし、立地等の価格形成要因と取引価格との関係は、他のマンションとの比較でしか検証できません。

土地価格へ反映される要因

大区分	ポイント	価格形成要因
地域（立地）	利便性	都心への距離及び交通機関
		商業施設の配置
		公共施設、公益的施設等の配置
	安全性	地盤・地勢等による耐震性の程度
		災害・公害等発生の危険性の程度

	環境		建物、街路修景等の街並み
			眺望、景観等の自然的環境
			画地の面積、配置及び利用の状態
	利用効率		街路の幅員、構造等の状態
			土地利用規制
個別（立地）	利便性		最寄駅への距離
			商業施設・公共施設等への距離
	安全性		地盤・地勢等によるリスク
	環境		街並み・自然環境・隣接不動産等
	利用効率		用途指定・容積率
個別（敷地）	利用効率		敷地の形状及び空地部分の広狭の程度
			敷地内施設の状態
			敷地の規模
	敷地権		敷地に関する権利の態様

建物価格へ反映される要因

大区分	ポイント	価格形成要因
築年・経年	安全性	建築（新築、増改築又は移転）の年次
デザイン	快適性・安全性	設計、設備等の機能性
品質・環境	快適性・安全性	構造、材質等施工の質と量
		耐震性、耐火性等建物の性能
		玄関、集会室等の施設の状態
		建物の用途及び利用の状態
		建物とその環境との適合の状態
管理・環境	快適性・安全性	維持管理の状態
		有害な物質の使用の有無及びその状態
		居住者、店舗等の構成の状態
		長期修繕計画の有無及びその良否
		修繕積立金の額

専有部分へ反映される要因

区分	ポイント	価格形成要因	
専有内部	快適性	階層及び位置	（注1）
		間取りの状態	（注2）
		日照、眺望及び景観の良否	（注1）
	快適性・安全性	室内の仕上げ及び維持管理の状態	（注2）
共用部分	快適性・安全性	エレベーター等の共用施設の利便性の状態	（注3）
		隣接不動産等の利用の状態	
権利	敷地権・持分	敷地に関する権利の態様及び持分	
管理		区分所有者の管理費等の滞納の有無	（注4）

（注1）タワーマンションや公園等のオープンスペースに面したマンションの人気が物語るように、階層・位置とそこからの眺望・景観等の価値にはプレミアムがつきます。

（注2）対面キッチン・クローゼット・バストイレ分離・追い焚き機能等の有無。

　　　　築20年を超えてくると、壁・天井・床等の張替えや水回り工事等が必要になります。

（注3）建物部分とも重なりますが、エレベーター・オートロック・集会室の有無・宅配ボックス等の設備の有無が影響してきます。

（注4）長期修繕計画の有無及びその良否と、それに修繕積立金の額が対応しているか、管理組合全体の管理費等の滞納額、購入であれば専有部分の滞納がないか等の確認が必要になります。

C．売出価格の検証

　マンションの価格に反映してくる項目を網羅しようとするのはいいのですが、不動産鑑定評価基準でも、項目ごとに価格とどのように関連し

構成されるかの分析はされていません。一方で価格形成要因は賃料形成要因になります。第Ⅳ章でテナントが賃貸物件を選定していくプロセスを分析しますが、賃貸物件は通常投資（購入）と異なりエリア（沿線駅）を決めてからのスタートになります。短期間でエリア内の物件比較をし候補を絞り込み、内覧確定という流れになります。エリア内の立地・建物全体（共用）の比較は、「近い」「新しい」「安心」で、外観や専有部分を中心に「きれい」とか「おしゃれ」という感覚的な評価と推定されます。何を優先するかは千差万別ですが、その結果として賃料が追認されることになります。

　中古マンションの取引事例比較法は、マンションの取引事例と価格形成要因を比較して、取引価格から対象マンションの価格（比準価格）を求める手法ですが、ここでは候補物件の中古マンションの評点付けをします。価格の物差しも一部入りますが、投資をしようとしているマンションの価格形成要因を評点付けして、比較するという試みです。売出価格と比較することで、比準価格に準じた価格を求めることもできます。投資に際しての評価なので、私見になりますが、価格形成要因を大きく区分して、経年減価に配慮しながらこの章の冒頭で提示した評価シートの5物件の評価をしてみます。

価格形成要因	区分	評点	経年減価	評点
アクセス	エリア立地（a・注1）	a/100	100/100	a/100
地縁的選好性				
最寄駅への時間距離	エリア内立地（b1・注2）	b/100		b/100
商業施設等への距離				
街並み・自然環境等				
敷地規模・形状	敷地権（b2・注3） (b=b1/100*b2/100)			
敷地権（所有権・借地・定期借地）				
耐震性	建物共用部分（c・注4）	c/100	e/100（注6）	c/100* e/100
外観・デザイン				
規模				
品質（構造・材質・施工）				
共用部分設備				
共用部分スペース				
管理の状態				
階層・位置	専有部分（d・注5）	d/100		d/100* e/100
室内間取り				
設備				
眺望・景観				
評点合計（α）	α=a/100*{b/100+(c/100+ d/100)*e/100}			

（注1）エリア立地は沿線最寄駅を基準とした地域要因であり、地価形成要因の中心ですが、地価・賃料等を離れた別の物差しでは計量化が難しいのです。したがって、エリアの平均地価・マンション平均価格・平均賃料といったデータから査定するのが容易で客観的です。本件ではマンションデータの管理・分析・評価に定評の「東京カンテイ」が作成した『マンション資産価値データブック』（ダイヤモンド社／東京カンテイ　中山登志朗＆ダイヤモンド・ザイ編集部）のエリア別中古マンション価格と平均賃料を参考にして査定しています。

沿線最寄駅別築10年マンション（70㎡）の平均価格と平均賃料

マンション区分	Ⓐ 芦花公園	Ⓑ 参宮橋	Ⓒ 不動前	Ⓓ 白金高輪	Ⓔ 半蔵門
最寄駅築10年マンション平均価格	4,000万円	5,680万円	4,856万円	6,404万円	8,063万円
最寄駅築10年マンション平均賃料価格	18.3万円	23.1万円	23.4万円	24.9万円	25.7万円

（注2）敷地についての個別的要因に準じたものです。投資用マンションの場合最寄駅への接近性が最重視されます。駅徒歩3分を100として下表のとおり加減します。

商業施設等への距離、街並み・自然環境等、敷地規模・形状等についてはプラスの場合、さらに10〜20ポイントの範囲で加点します。

最寄駅徒歩圏	ポイント
1分以内	110
3分以内	100
5分以内	90
7分以内	80
10分以内	70
15分以内	60

（注3）敷地利用権が所有権の場合は100で、普通借地権は借地権割合、定期借地権は普通借地権の50％とします。なお、定期借地権については契約期間に合わせて減価修正することになります。

（注4）建物全体（共用部分）の評点です。新築の標準的規模のマンションを100として評点を付けます。耐震性（安全性）を除

くと視覚的な評価であり、耐震性以外は10ポイントで加減します。ただし、耐震性は旧耐震で耐震補強をしていない場合は－50で、地盤・構造等でリスクが軽減できる場合には10～20ポイント加点します。

(注5) 専有部分は内覧するまでは、建物全体（共用部分）と同じ評点とし、標準階層と方位に対して10～20ポイントで加減して評点を付けます。

(注6) 経年減価の評点付けです。建物全体（共用部分）と専有部分のみ行います。マンション寿命を65年と想定し定額法で残存耐用年数を査定します。

5 物件の価格形成要因評点による売出価格の検証

マンション区分	Ⓐ 芦花公園	Ⓑ 参宮橋	Ⓒ 不動前	Ⓓ 白金高輪	Ⓔ 半蔵門
平均価格（円）	40,000,000	56,800,000	48,560,000	64,040,000	80,630,000
平均価格評点	0.50	0.70	0.60	0.79	1.00
マンション専有面積	51.54㎡(15.59坪)	42.33㎡(12.8坪)	51.73㎡(15.64坪)	42.88㎡(12.97坪)	51.20㎡(15.49坪)

比較項目等	算式	Ⓐ 芦花公園	Ⓑ 参宮橋	Ⓒ 不動前	Ⓓ 白金高輪	Ⓔ 半蔵門	合計	備考
エリア立地	a/100	0.50	0.70	0.60	0.79	1.00	3.60	
エリア内立地	b/100	0.70	0.80	0.90	0.90	0.90	4.20	
建物共用部分	c/100	0.80	0.50	0.80	0.40	0.70	3.20	
建物専有部分	d/100	0.80	0.90	1.00	0.90	1.00	4.60	
経年減価	e/100	0.68	0.45	0.54	0.52	0.58	2.76	
経年減価後の建物	(c/100+ d/100)*e/100	1.08	0.62	0.97	0.68	0.99	4.34	
総合評点	a/100*{b/100+(c/100+ d/100)*e/100}	0.88	1.00	1.13	1.25	1.89	6.15	1.23
面積補正		51.54	42.33	51.73	42.88	51.20		
面積補正後の評点	上記総合評点*専有面積	45.59	42.48	58.24	53.81	96.56	296.68	
平均値による査定価格（円）		19,208,691	17,898,536	24,536,203	22,671,825	40,684,745	125,000,000	
売出価格（円）		22,000,000	24,000,000	25,000,000	27,000,000	27,000,000	125,000,000	421,328
売出価格との差額（円）		-2,791,309	-6,101,464	-463,797	-4,328,175	13,684,745		

価格形成要因の評点と売出価格を対応させ、平均値（売出価格の合計/面積補正後の評点）を求めて、Ⓐ～Ⓔの価格を求めるとⒺは積算価格

に類似した水準で割安、Ⓒが均衡、Ⓐ、Ⓑ、Ⓓは割高となります。この評価方法の場合には都心中心部の地価の高いエリアほど高く、また、建物の寿命を65年と想定して建物部分だけ経年減価しているので、築年が30年超でも従来の評価より水準が高くなる物件が出てきます。

「まえがき」で記載したマンションA・Bの評点付けによる価格の検証

比較項目等	算式	A	B	比較項目等	要因	A	B
エリア立地	a/100	1.23	1.00	エリア立地	(円)	63,880,000	52,070,000
					10年目平均中古価格	1.23	1.00
エリア内立地	b/100	1.00	1.00	エリア内立地	利便性等は同じ	1.00	1.00
建物共用部分	c/100	0.50	1.00	建物共用部分	Aは旧耐震	0.50	1.00
建物専有部分	d/100	0.80	1.00	建物専有部分	Aは眺望で劣る	0.80	1.00
経年減価	e/100	0.38	0.88	経年減価	寿命65年	0.38	0.88
					法定耐用年数47年	0.15	0.83
経年減価後の建物	(c/100+ d/100)*e/100	0.50	1.75				
総合評点（α）	a/100*{b/100 +(c/100 + d/100)*e/100}	1.845	2.75				
売出価格（β・円）		40,000,000	60,000,000				
β/α		21,680,217	21,818,182				

⑤ マンション敷地の更地価格を求める開発法

　その土地の最有効使用がマンションの場合、容積率限度いっぱいのマンションを建築して分譲することを想定し、販売総額から通常のマンション建築相当額及びデベロッパーが直接負担すべき通常の付帯費用と利益（投下資本利益）を控除して敷地価格を求めます。鍵は新築の分譲価格になります。本件のように投資判断に際しては、新築価格との比較も重要です。現時点でマンション建替えは経済合理性の観点から問題ないのか、今建て替えればいくらになるのかという経年減価前の上限価格を確認できるからです。

新築価格 ＝ Σ Xn ＝ X1 ＋ ･･･ ＋ Xn

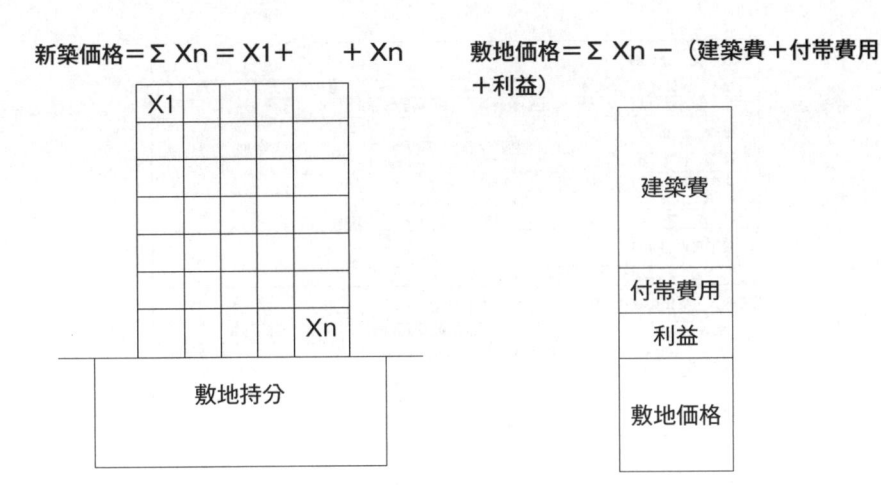

敷地価格 ＝ Σ Xn －（建築費＋付帯費用＋利益）

```
X1
 ⋮
Xn
```
敷地持分

建築費
付帯費用
利益
敷地価格

開発法による価格試算表
（集合住宅）

I 開発の想定条件			
(1)	開発面積	800.00㎡	(100.0%)
	有効宅地面積	800.00㎡	(100.0%)
	公園用地面積	0.00㎡	(0.0%)
	公益用地面積	0.00㎡	(0.0%)
	道路用地面積	0.00㎡	(0.0%)
(2)	建築概要		
	建物の構造・用途	鉄骨鉄筋コンクリート造 9階建・共同住宅	
	建物延面積		
	a．容積対象床面積	3,600.00㎡	
		（有効宅地面積×容積率450%）	
	b．法定床面積	4,248.00㎡	
	専有面積	3,440.88㎡	
		（法定床面積×有効率 81%）	
	計画戸数	67戸 （51㎡／戸）	
(3)	開発期間		
	準備期間	6.0ヶ月	
	建築造成工事期間	12.0ヶ月	
	販売期間	14.0ヶ月	
(4)	開発スケジュール		

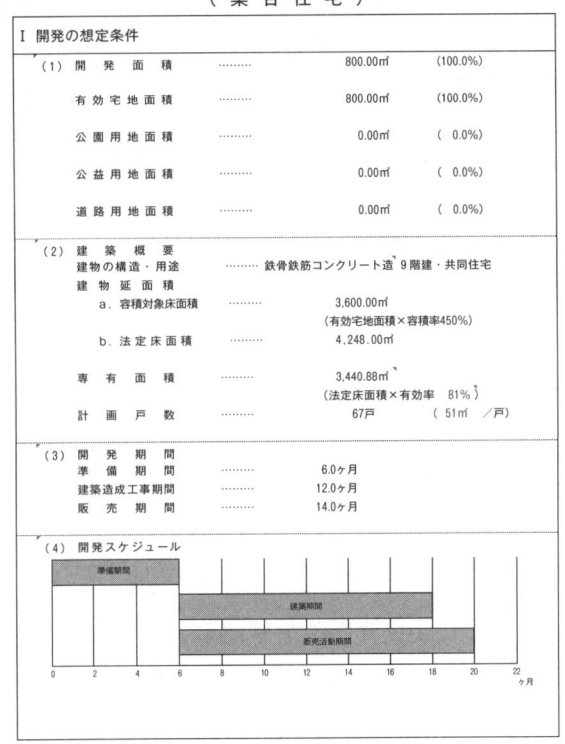

第Ⅲ章 マンション投資の判断基準

Ⅱ 収支計画

収入・支出項目	記号	金額			
分 譲 収 入	A	3,784,968千円	(1,100千円/㎡×		3,440.88㎡)
建 築 工 事 費	B1	1,062,000千円	(250千円/㎡×	法定床面積	4,248.00㎡)
解 体 工 事 費	B2	0千円	(0×㎡/円千)		
公共公益負担金	K1	0千円	※		
近 隣 対 策 費	K2	20,000千円	※一般市街地		
販 売 費 等	α	378,497千円	(分譲収入の 10.00%)		

Ⅲ 投下資本収益率

投下資本収益率　年率　12.00%

Ⅳ 収入・支出の複利現価

	項 目		金 額	割引期間	複利現価率	複利現価額
収入	A	(10%)	378,497千円	7ヶ月	0.9360	354,273千円
		(-)	- 千円	-	-	- 千円
		(90%)	3,406,471千円	19ヶ月	0.8357	2,846,788千円
	計				(a)	3,201,061千円
支出	B1	(30%)	318,600千円	6ヶ月	0.9449	301,045千円
	B1	(30%)	318,600千円	12ヶ月	0.8929	284,478千円
		(40%)	424,800千円	18ヶ月	0.8437	358,404千円
	B2		0千円	6ヶ月	0.9449	0千円
	K1		0千円	6ヶ月	0.9449	0千円
	K2		20,000千円	6ヶ月	0.9449	18,898千円
	α	(100%)	378,497千円	10ヶ月	0.9099	344,394千円
	計				(b)	1,307,219千円

Ⅴ 開発法により求めた価格

(a) − (b) ≒　1,893,842,000円

㎡当り　2,367,000円

⑥ 現地調査・内覧による評価

A．現地調査・内覧

②〜⑤の評価は投資（購入）候補物件選択の段階で行いますが、内覧前なので専有部分の間取り・仕上げ・設備等については、築年の古いものでも、過去のリニューアル等により設備・仕上げに関して、クリーニング程度で居住できる状態を想定しています。日照（採光）・眺望（景観）の状態も内覧してからの評価になります。

内覧により、敷地と建物外観、共用部分の美観・スペースの広さ・設備・セキュリティー・日常管理等を確認し、専有部分に関しては間取り・広さ・仕上げ・設備等について劣化・陳腐化・不具合の程度をチェックしながら、並行して日照・採光、眺望・景観、騒音、臭気等を

確認します。

　特に仕上げ・設備等の劣化・陳腐化については、リフォーム等の必要性を検討することになります。内覧にあたっては、チェックすべき項目、目視する部分等をリストアップ（注）して確認事項に漏れがないようにし、必要に応じてデジカメ等で不具合の箇所等を記録します。

　（注）次表のような「現地調査・内覧チェックリスト」と、特に専有部分については細部の確認が必要なので、仲介に際して売主サイドに提示してもらうことになる「付帯設備表」を用意してメモしておくといいと思います。

現地調査・内覧チェックリスト

	区分	確認事項	チェック	評価
エリア	アクセス	駅距離 利便施設の立地		
	環境	街並み 駅までの道路イメージ		
共用部分	敷地	敷地の状況 外構（門・垣・塀・庭）		
	建物スペース	エントランス・エレベーターホール 廊下・階段・屋上 集会室 駐車場・バイク・駐輪場 ごみ置き場		
	設備	オートロック エレベーター 宅配ボックス・郵便受け		
	日常管理	管理会社 管理体制 清掃の状況		
	資産管理	管理規約 管理組合活動 営繕 長期修繕計画 修繕積立金 滞納状況		
専有部分	デザイン・機能性・グレード・劣化・破損	ドア・鍵・玄関		
		間取り・配置		
		キッチン（レンジ・シンク・排気・フード・収納等）		
		トイレ		
		浴室・給湯器		
		洗面室		
		収納		
		空調（室内・室外機）・ダクト		
		照明		
		開口部		
		仕上げ（壁・床・天井）		
	環境	採光・日照・通風		
		眺望・景観		
		騒音・振動・臭気		
	室外	バルコニー		

付帯設備表（物件名：　　　　　）

表1　付帯設備表　　本物件は、下記の付帯設備が現況のまま引渡しされます。
　　　付帯機能には、（　）内に該当する項目は○を記入し、設備の有無にチェックをしてください。

付帯設備		付帯機能	設備の有無	備考
キッチン関係	流し台		□有・□無・□撤去	
	換気扇		□有・□無・□撤去	
	ガス(オーブンレンジ)		□有・□無・□撤去	
	ガステーブル	（電気・ガス）	□有・□無・□撤去	
	ビルト・イン食器洗浄乾燥機（※注1）	（電気・　）	□有・□無・□撤去　↓　特定保守製品の表示　□有・□無	
	ガス湯沸かし器(個別)（※注1）		□有・□無・□撤去　↓　特定保守製品の表示　□有・□無	
			□有・□無・□撤去	
			□有・□無・□撤去	
水まわり部門	浴室・洗面設備関係	（屋内・屋外）式 給湯器（機）（※注1）	（電気・ガス・石油・太陽熱）	□有・□無・□撤去　↓　特定保守製品の表示　□有・□無	
		ヒートポンプ	□有・□無・□撤去	
	浴室設備一式	シャワー	□有・□無・□撤去	
		風呂がま	□有・□無・□撤去　↓　特定保守製品の表示　□有・□無	
		追い焚き	□有・□無・□撤去	
		保温	□有・□無・□撤去	
		浴室内乾燥(浴室内乾燥(暖房)機)（※注2）	□有・□無・□撤去　↓　特定保守製品の表示　□有・□無	
	洗面設備一式	洗面台	□有・□無・□撤去	
		鏡	□有・□無・□撤去	
		シャワー	□有・□無・□撤去	
		コンセント	□有・□無・□撤去	
		くもり止め	□有・□無・□撤去	
			□有・□無・□撤去	
			□有・□無・□撤去	
トイレ・洗濯機関係	トイレ設備一式	保温	□有・□無・□撤去	
		洗浄	□有・□無・□撤去	
	洗濯機用防水パン		□有・□無・□撤去	
			□有・□無・□撤去	

※注1　使用不可の場合は備考欄に「使用不可」と記載
　　　　異常がある場合にはその具体的内容を備考欄に記載
　　　　　設備の有無　有―該当の設備あり　無―該当の設備なし　撤去―売主が撤去する

付帯設備表（物件名：　　　　　）

表2　付帯設備表　　本物件は、下記の付帯設備が現況のまま引渡しされます。
　　　付帯機能には、（　）内に該当する項目は○を記入し、設備の有無にチェックをしてください。

付帯設備			付帯機能	設備の有無	備考
居住空間部門	冷暖房関係	冷暖房機	（電気・ガス）	□有・□無・□撤去	台
		暖房機（※注1）	（電気・ガス・石油）	□有・□無・□撤去 ↓ 特定保守製品の表示 □有・□無	台 台
		冷房機	（電気・ガス）	□有・□無・□撤去	台
		床暖房設備	（電気・ガス）	□有・□無・□撤去	台
	照明関係	屋内照明器具		□有・□無・□撤去	台
		屋外照明器具		□有・□無・□撤去	
	収納関係	吊り戸棚		□有・□無・□撤去	
		床下収納		□有・□無・□撤去	
				□有・□無・□撤去	
玄関・窓・その他部門	玄関・窓・その他	下駄箱		□有・□無・□撤去	
		網戸		□有・□無・□撤去	
		雨戸		□有・□無・□撤去	
		畳・襖		□有・□無・□撤去	
		カーペット（敷込のもの）		□有・□無・□撤去	
		カーテン		□有・□無・□撤去	
		カーテンレール		□有・□無・□撤去	
		インターフォン		□有・□無・□撤去	
		TVアンテナ	（単独・共同・ケーブル）	□有・□無・□撤去	
		物置		□有・□無・□撤去	
		庭木・庭石		□有・□無・□撤去	
		門・塀		□有・□無・□撤去	
		車庫		□有・□無・□撤去	
				□有・□無・□撤去	
				□有・□無・□撤去	
				□有・□無・□撤去	

※注1　使用不可の場合は備考欄に「使用不可」と記載
　　　　異常がある場合にはその具体的内容を備考欄に記載

B．現地調査・内覧による評価

　共用部分については、内覧により物件情報の共用部分に関しての内容と、視覚的な価値観・日常の管理の状態を把握することで、テナントの日常生活の快適性・安全性を確認し、再度評価をします。評価としては価格形成要因評点シートのエリア内立地・建物共用部分の評点付けになります。収益価格については、賃料・空室率の見直しになります。

専有部分に関しては、眺望等はプラスになるかマイナスになるかだけですが、リフォーム等が必要な場合には、投下資本が追加になるので事業収支シミュレーションを再度行って工事の内容と費用対効果を分析することになります。

　現在賃貸中のオーナーチェンジ物件の場合には専有部分の内覧ができませんので見えないリスクが残りますが、テナントの退去の時点で内覧による評価をすることになります。

（リフォーム等の概算）

　エアコン・給湯器・コンロ等の交換や壁紙部分の張替え等の容易なものから、1～2ヵ月程度のリフォームまで考えられます。リフォームにより投資額は増加します。リフォームによって、入居者を誘引しやすくする→賃料アップ・空室期間が短くなるというバリューアップになるのか、入居者を誘引しやすくする→賃料ダウンの回避に留まるのか、工事の内容と工事金額を想定しながら、収支をシミュレーションします。損益計算書上では減価償却費の増加による税額の引下げの効果もあります。

ホームプロHP「リフォーム費用」（中心価格帯）

	工事費（万円）
キッチン・台所	50～150
浴室・風呂	50～100
トイレ	20～50
洗面	20～50
居間・リビング	50～100
食堂・ダイニング	50～100
寝室（洋室・和室）	50～100
玄関	20～50
全面リフォーム	300～400
スケルトンリフォーム	400～500

内覧後にマンションの管理規約・重要事項説明書・長期修繕計画工事・修繕積立金等の資料を提示してもらい、リニューアル（リフォーム）費用を検証して最終判断をします。

内覧と売買交渉の過程で判明してくる価格形成要因等チェックリスト

項目	区分	評価	備考
修繕積立金等の積立	建物共用部分		マンション全体の積立額と滞納額 専有部分の滞納の確認
大規模修繕の計画と実施状況			履歴 今後の予定 大規模修繕費用と修繕積立金の関係
リニューアル	専有部分	見積金額（投資額）	リフォーム等の程度と費用見積り 売出価格値引きの可能性

2. 事業収支シミュレーション

（1） コンパクトマンション事業収支

　東京メトロ半蔵門線半蔵門駅5分、築27年3階の1 LDK51㎡、現在空室のコンパクトマンション2,500万円に投資するケースをシミュレーションします。中堅のデベロッパーが開発したSRC 7階建てのワンルームとコンパクトタイプの居室80戸の中規模マンション、準幹線道路沿道の商業エリアに立地するので、中層階までは事務所利用可で1階は飲食店舗が入居しています。日勤ですが管理状況は概ね良好で、管理費等の滞納もありません。管理組合の今後30年の長期修繕計画によると、外壁の塗装から始まってほぼ今後30年で一巡する計画で30年後に約1億円の積立金が残る予想ですが、そのためには段階的に修繕積立金をアップする計画になっています。30年後は築57年になり、建替えの時期に重なりますが、1億円キープされていれば解体工事費用は賄うことができます。

　皇居西側の高台（麹町台地）にあり、江戸古地図で確認すると親藩譜代の屋敷町です。幹線道路沿道の地下鉄駅周辺は店舗の集積する商業地域ですが、駅を離れるにしたがって大型オフィスの立地するビジネス街になります。幹線道路背後はオフィスも立地しますが、高級マンションの集積する高級住宅地です。マンション建替えは、建替え後にマンション等の有効利用のニーズが確実に見込めることと、敷地価格が一定水準にあり敷地権としての対価性が確保されていることが前提ですが、本マンションはオフィスへの建替えも可能な立地であり、地価水準も高いの

で合意形成以外のリスクはないものと判断しました。

　専有部分はフローリングの張替えはしていますが、水回りは新築時のままで機能的に陳腐化しています。クライアントへは、リニューアルが必要で費用として200万〜500万円かかることを伝え了解の判断をもらいました。リニューアルにより賃料がアップできるかが、投資のポイントになりますが、最小限のリニューアルでも200万円は必要なので、買付証明提示の段階で売買金額2,700万円に対して200万円の値引き交渉をし、2,500万円で合意となりました。

　X銀行へ本物件のローン申請を行う前に、Y社と協議しながらリニューアル工事による賃料アップの程度を予想し、事業収支のシミュレーションをします。融資期間は法定耐用年数にほぼリンクするものとし最長の20年、金利は変動で2.5%スタートとし、5年ごとに0.5%アップを想定します。

	ポイント
共用部分	立地はAでもマンショングレードはBでオートロック等の設備なし
専有部分	キッチン・バス・トイレ・収納スペースのリニューアルが必要
収支1	リニューアルすることで賃料がどれだけアップするか
収支2	1,500万円のローンを組み込んだ場合の収支

① **賃貸条件とリニューアル費用の査定**

　築浅であれば、45〜55㎡のコンパクトでも20万円を超えてきますが、当マンションは立地がいいものの商業エリアの業務混在型で築27年、エントランス・EVホール・廊下等の共用スペースのデザイン・仕上げに高級感がないことや、駐車場やオートロック等が整備されていないので利便性・安全性が劣るために賃貸物件としての競争力はやや劣ります。

　専有部分については、天井・壁・床のリニューアルはしてあるものの、住戸を事務所として使用していたこともあり居住用スペースとして

の間取りではないこと、トイレ・浴室・キッチンは新築当時のままであり今時のものと比べると機能・デザインで劣っていること、収納スペースがないこと等から、この状態で賃貸しても先送りでいずれリニューアルが必要になります。現時点で水回りの全面更新は最低限になります。リニューアルのランクによって、賃料がどのくらいアップできるかが事業収支のポイントです。

　クライアントに判断をしてもらうために、水回りとクロス等のリフォームのみの案とトータルリフォーム案と2プランで、設計事務所と内装専門の業者より見積りを取り付けました。このプランに基づき賃料を査定しましたが、トータルリフォームであれば20年程度は効果が続くことと、予想される賃料のアップ分で利回りも高くなるものと推定。リフォームの工事金額は10％程度の差がありましたが、しゃれたデザインと品質にこだわりのある設計事務所にトータルリフォームを500万円で依頼することにしました。賃料は、賃貸の募集と管理を予定しているY社と協議し、立地が同じ築浅の同タイプの賃料が20万円を超えているので20万円を目標としましたが、シミュレーションでは賃料を18万5千円にし、敷金は2カ月礼金1カ月、2年ごとに1カ月の更新料授受と設定します。空室率についてはテナントの入替期を4年と想定しこの年度に3カ月発生するシナリオにします。賃料の変動については、優れたデザインと機能性により12年間は賃料の下落はしないものとし、3回目の入替期に50万円の小規模修繕をして賃料水準を維持するシナリオです。

賃料水準

エリア賃料水準	築年等		1室賃料	備考
45～55㎡	築浅	募集	16～25万円	敷金1 礼金1
	30年超	募集	13～20万円	
当マンション5Ｆ（46㎡）	25年超	募集	13万6千円	2,956円/㎡

第Ⅲ章　マンション投資の判断基準

工事費と賃料

工事内容		工事費	賃料
現状のまま	クリーニング等	10万円	14万5千円
リニューアル1	水回り・クロス張替等	200万円	16万5千円
リニューアル2	トータル・リフォーム	500万円	18万5千円

収支（表面利回り）

	工事費		
	10万円	200万円	500万円
賃料（月額）	145,000円	165,000円	185,000円
賃料（年額）	1,740,000円	1,980,000円	2,220,000円
敷金	290,000円	330,000円	370,000円
礼金・更新料	145,000円	165,000円	185,000円
総投資額	27,330,000円	29,232,000円	32,230,000円
表面利回り	6.37%	6.77%	6.89%

② イニシャルコストの査定

　売主側より提示された評価証明により登録免許税・不動産取得税の税額算出、X銀行ローン申請の打合せにおいて金利等の条件と諸費用を確認し、事業収支シミュレーションのためのイニシャルコストの金額を確定します。税務上の損益計算に認められている減価償却費については、固定資産税の建物評価額にリニューアル費用を入れて計算します。

イニシャルコストの査定

費用		価額（円）	査定
仲介手数料		850,500	（不動産価格*0.03＋6万円）*1.05
登記費用	登録免許税	240,000	（土地）不動産の固定資産税評価額×1.5%
		74,000	（建物）不動産の固定資産税評価額×2%
	司法書士手数料	60,000	評価額1,000万円まで31,500円（税込）で評価額1,000万円毎に10,500円加算
契約書印紙代		15,000	
ローン費用			
火災保険料		150,000	
抵当権設定費用	登録免許税	60,000	借入金額*0.4%
	司法書士手数料	30,000	
ローン契約書印紙代		20,000	
保証会社事務手数料		53,000	
保証料		223,000	
団体信用保険		0	金利にオン
不動産取得税		240,000	（土地）不動産の固定資産税評価額×1／2*3%
		111,000	（建物）不動産の固定資産税評価額×3%
		2,126,500	
その他	リニューアル工事	5,000,000	減価償却費	8,700,000	（建物価格＋リニューアル）

③ ランニングコストの査定

　売主側より提示された前年度固定資産税等の納税通知、管理規約・マンション重要事項説明書等によりマンションの管理費及び修繕積立金の実額を確認します。

ランニングコストの査定

費用	価額（円）		備考
	通常期	入替期	
管理費	192,000	192,000	月額16,000円
修繕積立金	120,000	120,000	月額10,000円
固定資産税等	149,540	149,540	
損害保険料			専有部分はテナント負担
PMフィー	60,000	60,000	
仲介手数料		185,000	
修繕費等		50,000	
計	521,540	756,540	

修繕費	購入直後にトータルリフォームをしますので、テナントの入替期は当面50,000円のクリーニング費用のみとし、13年目に500,000円の小規模修繕を予定。

④ ローン条件

　マンション１室の不動産投資ローンは１棟のアパートローンに比べるとハードルが高くなります。それでも賃貸中のオーナーチェンジ物件であれば、商品として明確に規定されていますが、空室のマンションを購入する場合には、セカンドハウスとして取り扱われるケースが多いようです。いくつかの金融機関にヒアリングをしましたが、特定エリア、ワンルーム不可、法定の残存耐用年数と融資期間の一致、新耐震等クリアーなどの規定があって、融資実行は制約を受けることになります。ただし、借手の資産状況によってはクリアーできる可能性はあります。この融資規制があることで、築年が30年を超えるあたりで買手が絞られるので、30年超の中古マンション価格が落ち込むのは、経年減価と併せてこの影響分が織り込まれているせいかもしれません。2013年時点では30年超は耐震のリスクがありますが、数年すると多量に30年超で新耐震基準の中古マンションの比率が高くなってきます。実際の使用価値以上に下落するようだと、エリアと立地によっては魅力のある物件になるかもしれません。

ローン

ローン条件	金融機関	X銀行	融資額	1,500万円	返済期間	20年	金利	変動
返済期間	1～5年		6～10年		11～15年		16～20年	
金利	2.50%	0.5%オン	3.0%	0.5%オン	3.50%	0.5%オン	4.00%	
返済額(年額)(円)	953,825		987,860		1,011,647		1,023,484	

				単位：円	金利配分	
年	返済額	利息	元金	残高	土地 (0.8)	建物 (0.2)
1	953,825	368,321	585,504	14,414,496	294,657	73,664
2	953,825	353,515	600,310	13,814,186	282,812	70,703
3	953,825	338,334	615,491	13,198,695	270,667	67,667
4	953,825	322,769	631,056	12,567,638	258,215	64,554
5	953,825	306,811	647,015	11,920,624	245,449	61,362
6	987,860	348,880	638,979	11,281,645	279,104	69,776
7	987,860	329,445	658,415	10,623,230	263,556	65,889
8	987,860	309,419	678,441	9,944,789	247,535	61,884
9	987,860	288,783	699,076	9,245,713	231,026	57,757
10	987,860	267,520	720,339	8,525,373	214,016	53,504
11	1,011,647	286,834	724,812	7,800,561	229,467	57,367
12	1,011,647	261,055	750,592	7,049,969	208,844	52,211
13	1,011,647	234,359	777,288	6,272,681	187,487	46,872
14	1,011,647	206,713	804,934	5,467,747	165,370	41,343
15	1,011,647	178,084	833,563	4,634,184	142,467	35,617
16	1,023,484	169,708	853,776	3,777,408	135,766	33,942
17	1,023,484	134,924	888,560	2,888,848	107,939	26,985
18	1,023,484	98,722	924,761	1,964,086	78,978	19,744
19	1,023,484	61,046	962,438	1,001,649	48,837	12,209
20	1,023,484	21,835	1,001,649	0	17,468	4,367

⑤ キャッシュフロー設定

　1月にこのマンションを取得するものとして、リニューアル工事期間1カ月、テナント募集期間約3カ月を経て予定賃料の下限185,000円で期間2年の建物普通賃貸借契約を締結、2年後に更新をして、4年の契約期間満了で退去するものとします。退去後3カ月経過後に新しいテナントが入居し、以降4年サイクルで新規テナントに入れ替えるものとすると、空室率は3年間はゼロで、4年目ごとの入替期は25％となります。このキャッシュフローに基づいて、最終的な事業収支のシミュレーション表を作成します。

第Ⅲ章　マンション投資の判断基準

不動産所得の査定　　　　　　　　　　　　　　　　　　　　　　　　単位：円

		イニシャル	ランニング	初年度	2年目	改定期	入替期	備考
総収入	賃料			1,480,000	2,220,000	2,220,000	1,665,000	
	敷金運用益							
	礼金・更新料			185,000		92,500	185,000	更新料50%は管理会社
	計			1,665,000	2,220,000	2,312,500	1,850,000	
必要経費	借入金利息(建物)							
	借入金利息(土地)							
	公租公課	登録免許税		374,000				
		不動産取得税		351,000				
		印紙税		35,000				
	ローン費用			426,000				
	その他	登記費用等		90,000				
		仲介手数料		850,500				
	計			2,126,500				
	管理費		管理費	192,000	192,000	192,000	192,000	
	修繕積立金		修繕積立金	120,000	120,000	120,000	120,000	6年目から180,000
	固定資産税		固定資産税等	150,000	150,000	150,000	150,000	
	損害保険料		損害保険料	0				
	PMフィー		PMフィー	40,000	60,000	60,000	60,000	
	修繕費等		修繕費等	0			50,000	
	仲介手数料(賃貸)		仲介手数料		185,000		185,000	
	減価償却費		減価償却費	362,500	435,000	435,000	435,000	(建物価格+リニューアル)＊1／20
	その他							
	計			1,049,500	957,000	957,000	1,192,000	
	合計			3,176,000				
純収入				-1,511,000	1,263,000	1,355,500	658,000	

⑥ キャッシュフローリスト

　賃貸収入から賃貸に伴う外部への支出を差し引いた手取りの資金の流れのみをキャッシュフロー（注）ととらえがちですが、資産（不動産）取得の自己資金と借入金の流れについても把握しなければなりません。したがって、不動産投資のキャッシュフローリストは、賃貸（インカム）、投資（自己資本・キャピタル）、融資（ローン）の資金の流れがわかるものとして、不動産購入前に、不動産取得から出口（融資返済・不動産転売）までの期間のキャッシュフローについてシミュレーションします。

　　（注）『「キャッシュフロー」とは、お金の流れのことをいいます。一定期間に流入するお金をキャッシュ・イン・フロー、流出するお金をキャッシュ・アウト・フローといい、両者を総称して「キャッシュフロー」といいます。…中略…有価証券報告書等の

決算書を見ると、キャッシュフロー計算書のなかに営業活動、投資活動および財務活動によるキャッシュフローという項目が出てくることが分かります。営業活動によるキャッシュフローというのは、事業活動を通じて実際に稼いだお金のことをいい、投資活動によるキャッシュフローとは、設備投資、有価証券投資、企業買収等に伴うお金の流出のことをいい、財務活動によるキャッシュフローとは、借金（返済）、増資（配当金支払い）に伴うお金の流入（流出）のことをいいます』（日本証券業協会のホームページのＱ＆Ａより抜粋）

マンションの賃貸収支の収支項目は次のようになります。

営業キャッシュフロー

収入	賃料	
	敷金運用益	下表のリストでは金額が小さいこともあって計上していません
	礼金・更新料	下表のリストでは更新料の50%は管理会社の事務手数料に
支出	管理費・修繕積立金等	マンション管理に必要な固定費
	固定資産税等	
	損害保険料	下表のリストでは融資実行に際して負担し計上せず、テナント負担にするケースも多い
	PMフィー	管理会社への支払い
	修繕費	専有部分のリニューアル・小規模修繕・クリーニング等の費用
	仲介手数料	入替期の管理会社仲介報酬
	ローン返済額	
	所得税・住民税	確定申告をして次年度支払（還付）となるので次年度のキャッシュフローに計上

投資キャッシュフローとは、マンション購入時の自己資金（自己資

本）です。期間中に資産評価をすることで購入価格の変動を把握することもできますが、実際のキャッシュフローは出口で転売をしない限りは確定しません。

投資キャッシュフロー

収入	出口転売価格	
支出	売買代金の内の自己資金	
	イニシャルコスト	登録免許税・不動産取得税・印紙税・仲介手数料・ローン費用・登記費用
	購入時のリフォーム費用	

キャッシュフローリスト   (単位：円)

	初年度		2年度	3年度	4年度
	イニシャル	ランニング			
物件価額	25,000,000				
イニシャルコスト	2,126,500				
リニューアル	5,000,000				
ローン	-15,000,000				
計（自己資本）	17,126,500				
収入					
賃料		1,480,000	2,220,000	2,220,000	2,220,000
敷金運用益					
礼金・更新料		185,000		92,500	
計		1,665,000	2,220,000	2,312,500	2,220,000
支出					
イニシャルコスト					
登録免許税	374,000				
不動産取得税	351,000				
印紙税	35,000				
ローン費用	426,000				
登記費用等	90,000				
仲介手数料	850,500				
計	2,126,500				
ランニングコスト					
管理費		192,000	192,000	192,000	192,000
修繕積立金		120,000	120,000	120,000	120,000
固定資産税等		150,000	150,000	150,000	150,000
損害保険料		0			

PMフィー		40,000	60,000	60,000	60,000
修繕費等		0			
仲介手数料		185,000			
ローン返済額		953,825	953,825	953,825	953,825
計		1,640,825	1,475,825	1,475,825	1,475,825
税引前CF		24,175	744,175	836,675	744,175
税額（所得税＋住民税）		0	−681,406	391,079	437,381
合計（税引後の純収入）		24,175	1,425,581	445,596	306,794
元本返済		585,504	600,310	615,491	631,056

⑦ 損益計算書

　不動産賃貸の損益計算書は、1年間の賃料収入から賃貸に伴う費用を差し引いた当期利益を計算表示するものであり、個人投資家は所得税の申告のために作成をしなければなりません。キャッシュフロー会計の収入と利益はイコールですが、支出と費用は項目が一部違います。

キャッシュフロー会計	損益計算書	
管理費・修繕積立金等	○	
固定資産税等	○	
損害保険料	○	
PMフィー	○	
修繕費	○	
仲介手数料	○	
ローン返済額（元本返済額）	×	
ローン返済額（建物金利分）	○	
ローン返済額（土地金利分）	△	（注1）
所得税・住民税	×	（注2）
	○	減価償却費（注3）

（注1）不動産所得が赤字になった場合に他の所得と併せて損益通算により還付を受けることができますが、土地金利分は費用として計上できなくなります。

```
給与所得（収入－所得控除）＝1,200万円
給与収入
14,420,000円－(14,420,000円×5％＋1,700,000円)
≒1,200万円
```

```
不動産所得（総収入－必要経費）＝－130万円
－130万円（赤字額）＋30万円（土地金利分）
＝－100万円
```

損益通算　↓

総所得金額　1,100万円

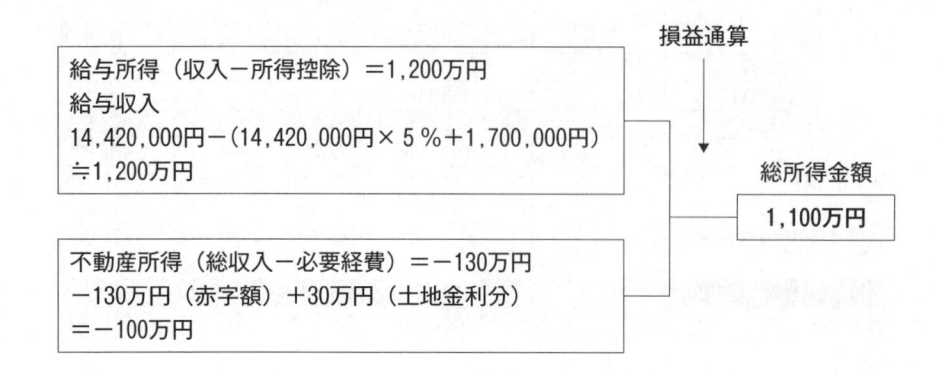

（注2）所得税と住民税の税額を求めるには、投資家の給与所得等の所得と不動産所得との合算（損益通算）した総所得金額を確定させなければなりませんが、投資判断のためのシミュレーション段階では、簡便な方法によって概算額を査定します。本件の損益計算のシミュレーションでは、給与所得を1,000万～1,500万円と想定し、試算した不動産所得に所得税33％住民税10％として併せて43％を乗じて税額を求めています。

　次の税額計算はマニュアルにしたがって、給与所得だけの場合の所得税と住民税の査定プロセスと、給与所得にプラスして不動産所得があり不動産所得が赤字になったケースでの税額査定のプロセスとを比較したものです。所得税と住民税とでは所得控除の種類により金額が違いますが、ここでは配偶者控除等で10万円の差を付けてあります。ただし、所得控除の170万円と160万円は便宜的な金額です。

　いずれにしても、正確な税額を求めるためには、投資家の不動産所得以外の所得等を確認し、税理士に査定してもらうことが必要です。

（給与所得だけの所得税と住民税）

所得税

総所得金額　　所得控除　　　課税所得
| 1,200万円 | − | 170万円 | = | 1,030万円 |

課税所得　　　税率　　　　控除　　　　税額控除　　　税額
| 1,030万円 | × | 33% | − | 153.6万円 | − | 0円 | = | 186.3万円 |

住民税

総所得金額　　所得控除　　　課税所得
| 1,200万円 | − | 160万円 | = | 1,040万円 |

課税所得　　　税率　　　　税額控除　　　税額
| 1,040万円 | × | 10% | − | 0円 | = | 104万円 |

所得税　　　　住民税　　　　税額
| 186.3万円 | + | 104万円 | = | 290.3万円 |

（不動産所得赤字による税の減額）

所得税

総所得金額　　所得控除　　　課税所得
| 1,100万円 | − | 170万円 | = | 930万円 |

課税所得　　　税率　　　　控除　　　　税額控除　　　税額
| 930万円 | × | 33% | − | 153.6万円 | − | 0円 | = | 153.3万円 |

住民税

総所得金額　　所得控除　　　課税所得
| 1,100万円 | − | 160万円 | = | 940万円 |

課税所得　　　税率　　　　税額控除　　　税額
| 940万円 | × | 10% | − | 0円 | = | 94万円 |

所得税　　　　住民税　　　　税額
| 153.3万円 | + | 94万円 | = | 247.3万円 |

第Ⅲ章　マンション投資の判断基準

税額の減額

$\boxed{290.3万円} - \boxed{247.3万円} = \boxed{43万円}$

所得税			住民税
課税所得金額	税率	控除額	住民税（所得割）は課税標準額の一律10％になります。所得控除額が所得税と異なるため課税所得金額も異なります。
195万円以下	5％	0円	
195万円～330万円	10％	97,500円	
330万円～695万円	20％	427,500円	
695万円～900万円	23％	636,000円	
900万円～1800万円	33％	1,536,000円	
1800万円超	40％	2,796,000円	

（注3） 減価償却費（注4）は固定資産税評価額による建物価格に、これから行うリニューアル工事等の工事予定額を加算して、定額法により残存耐用年数で割って査定します。

（注4） 『有形・無形の固定資産のうち、土地を除く資産は、時間を経て使用を続けることにより、経済的な価値が下がり、ついには価値がなくなる。これを減価と呼ぶ。こうした価値の低下を事前に考え、その額を各会計期ごとに見積もって費用として把握するのが減価償却費。さらにその額を貸借対照表の固定資産価額から控除する手続きが減価償却である。ただし、固定資産を利用しながら価値の減少額を客観的に認識することは難しいので、当該固定資産の残存価額、耐用年数などから合理的と思われる方法を選択して、減価償却費を算出する。日本では通常、固定資産の減価償却総額を耐用年数で割る定額法、固定資産の未償却残高に毎期一定の率をかけて毎期の減価償却額を計算する定率法、生産高（利用量）に比例して算出する生産高比例法の3つが用いられる。ただし、費用とはいっても減価償却費は実際の支出を伴わないので、事実上

は固定資産へ投下した資本の回収という役割をもつ』（小山明宏 学習院大学教授）［知恵蔵2013の解説］

損益計算

(単位：円)

	初年度 イニシャル	初年度 ランニング	2年度	3年度	4年度
賃料		1,480,000	2,220,000	2,220,000	2,220,000
敷金運用益					
礼金・更新料		185,000		92,500	
小計		1,665,000	2,220,000	2,312,500	2,220,000
物件価額	25,000,000				
登録免許税	374,000				
不動産取得税	351,000				
印紙税	35,000				
ローン費用	426,000				
登記費用等	90,000				
仲介手数料	850,500				
計	2,126,500				
管理費		192,000	192,000	192,000	192,000
修繕積立金		120,000	120,000	120,000	120,000
固定資産税等		150,000	150,000	150,000	150,000
損害保険料		0			
PMフィー		40,000	60,000	60,000	60,000
修繕費等		0			
仲介手数料		185,000			
減価償却費（リニューアル費用）	5,000,000	362,500	435,000	435,000	435,000
借入金利息返済額		368,321	353,515	338,334	322,769
土地借入金利息返済額		-294,657			
総支出	3,249,664		1,310,515	1,295,334	1,279,769
所得	-1,584,664		909,485	1,017,166	940,231
税額（所得税＋住民税）	43％で査定	-681,406	391,079	437,381	404,299

⑧ 収支分析

(単位：円)

	初年度	2年度	3年度	4年度	5年度	6年度	7年度	8年度	9年度	10年度
税引前CF	24,175	744,175	836,675	744,175	139,175	650,140	742,640	650,140	45,140	650,140
税額 (所得税＋住民税)	0	-681,406	391,079	437,381	404,299	151,011	367,272	415,404	384,240	132,963
合計 (税引後の純収入)	24,175	1,425,581	445,596	306,794	-265,124	499,129	375,368	234,736	-339,100	517,177
元本返済	585,504	600,310	615,491	631,056	647,015	638,979	658,415	678,441	699,076	720,339
元本返済累計額	585,504	1,185,814	1,801,305	2,432,361	3,079,376	3,718,355	4,376,770	5,055,211	5,754,287	6,474,626

	11年度	12年度	13年度	14年度	15年度	16年度	17年度	18年度	19年度	20年度	合計
税引前CF	718,853	626,353	-428,647	626,353	718,853	614,516	9,516	614,516	707,016	614,516	10,048,420
税額 (所得税＋住民税)	402,256	433,726	405,036	43,485	428,403	480,489	444,316	199,123	474,840	530,815	5,844,733
合計 (税引後の純収入)	316,597	192,627	-833,683	582,868	290,450	134,027	-434,800	415,393	232,176	83,701	4,179,512
元本返済	724,812	750,592	777,288	804,934	833,563	853,776	888,560	924,761	962,438	1,001,649	14,996,999
元本返済累計額	7,199,238	7,950,030	8,727,318	9,532,252	10,365,815	11,219,591	12,108,151	13,032,912	13,995,350	14,996,999	

A．営業（賃貸収支）キャッシュフロー

20年間のキャッシュフロー・シミュレーションは上表のとおりです。購入に際して発生したイニシャルコストとリニューアル費用は自己資本として区分するので投資キャッシュフローに、また、1,500万円の借入金は財務キャッシュフローになります。財務キャッシュフローは借入金の1,500万円については20年で返済が終わるので、結果としてゼロです。一方で元本年返済累計額の1,500万円は資産になります。

営業（賃貸収支）キャッシュフローをみると、20年間の税引前のキャッシュフローは、合計で約1,000万円、年平均で50万円。13年目に50万円の小規模修繕を計画しているので、持ち出しになりますが他の年はプラスになっています。税引後は合計で約400万円、年平均で20万円。初年度はイニシャルコストが大きいので損益計算で赤字となり、所得税・住民税の税の還付（減額）を2年度に受けますが、それ以降の年の税の減額は発生しません。しかし、年間約200万円（初年度の166万円から230万円で変動）の収入がありますが、借入金の返済額が年間約100万円（金利上昇により当初95万円で最後の5年間は102万円までアップ）

あるので、入替期には持ち出しになります。テナント入替期の5年度・9年度・13年度・17年度が持ち出しです。特に13年度の入替期は小規模修繕を予定しているので、持ち出し額が80万円を超えてきます。これはシミュレーションですが、実際に賃貸事業を行っていく場合には、各年の純収益を別口座で管理していくことが必要となります。

B. 投資キャッシュフロー

　本投資はマンションの売買代金が2,500万円で、購入に際しての仲介料等のイニシャルコスト212万円とリニューアル費用500万円を加算すると合計で3,212万円ですが、1,500万円は借入金なので、自己資本（自己資金・初期投資額）は1,712万円です。自己資本の投資キャッシュフローは、この1,712万円がマンション転売により手元にいくら残ったかで確定します。

　もちろん、シミュレーションは購入前の予測であり、出口で想定した借入金返済に合わせた20年後の転売価格の評価が必要になります。

　不動産投資のポイントは保有期間中の賃貸収支と出口の価格をどう予測するかにあります。賃貸収支は、現在の賃料水準と費用がベースであり把握しやすいのですが、長期間の出口価格の予測は極めて難しくなります。不動産証券化の評価の中心となるDCF法も、保有期間中の賃貸収支と出口の価格を予測して現時点の価格を試算します。DCF法では出口価格は直接還元法による収益価格が採用されますが、ここ10年の不動産鑑定評価のスタンスとしては、短期間では利回りは下がるものの、建物劣化と金利上昇等により将来のリスクが高くなると予測し、期間中の割引率よりも将来の直接還元法の還元利回りが高いという利回り感が続いています。賃料についても期間中に上昇して横ばいになる予測はありますが、10年後の出口で直接還元法の想定賃料上昇を織り込むことはないといっていいのです。つまり今よりも出口価格が下落すると想定しているのです。

投資家の場合は、リートのアセット会社のように長期保有の場合には鑑定評価のスタンスに近く、転売指向のデベロッパーやファンドは短い期間で賃料上昇・利回り低下・為替変動等を織り込んだ評価をします。鑑定評価や長期保有の投資家の評価にはどうしても長期的な資産デフレ傾向が反映され、転売指向の投資家の評価はここ10年のリートや不動産価格の上昇や下落という短期的なトレンドを映します。

　1室の中古マンションの場合には、前章の評価のところで解説をしたとおり、自己使用する空室のマイホームとしての市場価格よりも収益価格が低い傾向が強いこと、市場価格は過大に経年減価が反映されていること、築年により敷地持分価格よりも市場価格が低い物件が出てくること等の価格の特質を分析しながら、出口価格を査定しなければなりません。

　本物件は丸の内・大手町に近接する高級住宅地にあり、建替え後にマンション等の有効利用のニーズが確実に見込めることと、敷地持分価格が高く敷地権としての対価性が確保されています。現在築27年であり20年後には建替えはしないものの建替えが視野に入ってくるので、賃貸中であっても直接還元法による収益価格ではなく、積算価格が重視されると予測します。したがって、現時点で評価した積算価格の土地価格（敷地持分価格）が20年間でどう変動するかです。また、開発法で解説したとおり、マンション立地の土地価格は分譲マンションの新築価格に連動します。20年後に同じ規模で建て替えた場合の新築分譲価格から敷地持分14㎡の価格を開発法により求めた価格が下表です。

	新築分譲価格	変動率	土地価格単価	敷地持分価格 （出口価格）	変動率
現在価格	55,000,000円		2,367,000円/㎡	32,000,000円	
将来価格	60,000,000円	＋9％	2,692,000円/㎡	36,000,000円	12.5％
	55,000,000円	±0	2,367,000円/㎡	32,000,000円	±0
	50,000,000円	－9％	2,043,000円/㎡	27,000,000円	－15.6％
	45,000,000円	－18％	1,718,000円/㎡	22,000,000円	－31.2％

　前述のとおり本件の営業予測キャッシュフローは税引後20年間の合計約400万円ですが、投資予測キャッシュフローは初期投資の自己資本に対して、いくらで転売できるかという出口価格との相関になります。

自己資本内訳

物件価額	25,000,000円
イニシャルコスト	2,126,500円
リニューアル	5,000,000円
ローン	－15,000,000円
計（自己資本）	17,126,500円

自己資本と転売予想価格との関係

自己資本	転売予想価格	変動率
17,126,500円	36,000,000円	2.10倍
	32,000,000円	1.87倍
	27,000,000円	1.58倍
	22,000,000円	1.28倍

⑨ IRR（注）査定

（単位：円）

	0	初年度	2年度	3年度	4年度	5年度	6年度	7年度	8年度	9年度	10年度
投資額	17,126,500										
税引後ＣＦ		24,175	1,425,581	445,596	306,794	-265,124	499,129	375,368	234,736	-339,100	517,177
売却額 (出口価格)											

	11年度	12年度	13年度	14年度	15年度	16年度	17年度	18年度	19年度	20年度
投資額										
税引後ＣＦ	316,597	192,627	-833,683	582,868	290,450	134,027	-434,800	415,393	232,176	83,701
売却額 (出口価格)										32,000,000

（注）第Ⅰ章で説明したとおり、IRR（Internal Rate of Return）は初期投資額と当該資産が将来生み出すキャッシュフローの現在価値の総和が等しくなる割引率のことをいいます。自己資本の17,126,500円が賃貸期間中の予測純収入（税引前CF）と出口の予想転売価格とに対してどれだけの利回りになるかを示しています。

売却額（出口価格）	IRR（税引前）	IRR（税引後）
36,000,000円	5.95%	4.83%
32,000,000円	5.45%	4.26%
27,000,000円	4.73%	3.43%
22,000,000円	3.91%	2.45%

第Ⅳ章

投資マンションの選定

投資マンション選別の基準は安定的な賃貸収支と出口の流動性です。具体的にはテナントが退去しても賃料の値下げなしで次のテナントが即入居し、老朽化しても容易に転売が可能な物件です。それを可能にする要因は1棟のマンションの立地・建物グレードと専有部分のスペックに集約されます。ただし、既述のとおり市場ではマンションの建物部分の経年減価を大きくとらえる傾向があるので、賃料も出口価格も経年による影響を強く受けます。また、我が国では人口減少による住宅市場の縮小という問題に直面しつつあります。

　本章では、東京圏における人口減少と同時に進む高齢化・少子化・非婚化等の流れのなかで起こる人口動態と、その結果起こる都心回帰の動きを予測しながら、東京圏での立地について検討し、グレード・スペックそして経年減価を含めて将来も競争力のあるマンションの条件を検証します。

1. 東京圏の人口動態

(1) 人口減少と高齢化

　日本の人口は少子化の流れのなかで減少が続いています。国立社会保障・人口問題研究所の平成25年3月の推計によると、平成22年（2010年）の国勢調査による1億2,806万人から、平成52年（2040年）には1億728万人（16.2％減）になるとされています。この間に生産年齢人口（15～64歳）が減少し、老年人口（65歳以上）が大幅に増加して、全人口に占める割合は生産年齢人口で53.9％、老年人口で36.1％になるといわれています。

　ただし、人口減少の傾向と比率は地域ごとに異なっています。次のデータは平成22年（2010年）に対しての平成52年（2040年）の都道府県別推計人口のうち平均値より減少率の低い11都府県を低い順に並べたものです。前回調査の平成47年（2035年）の推計では、沖縄と東京は若干の増加でしたが、今回調査の平成52年（2040年）では、沖縄と東京も人口減少率がアップしています。減少率が低いのは首都圏のうち、1都3県の東京・神奈川・埼玉・千葉、近畿圏の滋賀・京都・大阪、大都市をかかえる愛知・福岡・宮城、そして沖縄です。また、首都圏については、東京・神奈川・埼玉・千葉の順に減少率が低くなっていることから、人口規模と産業・経済の集積度と人口減少率は、ほぼ比例的な関係になっているといえるようです。

　一方、関西圏は工場の増加している滋賀の減少率は低いものの、京都・大阪は全国平均に近い減少率で、隣接する奈良・和歌山は平均を上

回る減少率を示しています。首都圏よりも人口減少率が大きいのですが、首都圏と違って人口規模と産業・経済の集積度との比例的な関係は見えてきません。

平成52年(2040年)の県別推計人口減少率・全国平均より低い都道府県(2010年＝100)

都道府県	減少率
沖縄県	1.7%
東京都	6.5%
滋賀県	7.2%
愛知県	7.5%
神奈川県	7.8%
埼玉県	12.4%
福岡県	13.7%
千葉県	13.8%
京都府	15.6%
大阪府	15.9%
宮城県	16.0%

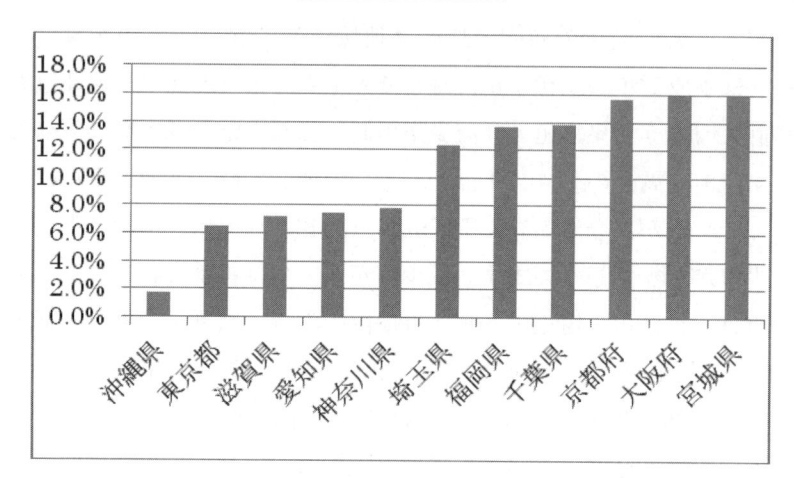

　平成23年（2011年）10月1日現在、生産年齢人口（15～64歳）の比率が最も高いのは東京都の68.1％で、次いで神奈川66.3％、埼玉65.9％、千葉65.1％となります。まだ人口のピークを迎えていない東京圏は、人

口減少による影響は現時点では少ないのですが、今後他県からの人口流入の減少と少子化による若年層減少が進む中で、リタイアした団塊世代が高齢化していくことで、生産年齢人口の比率が一挙に低下することになります。

いずれにしても、消費を支える生産年齢人口の比率低下は内需不振に直結することになります。

それでも東京都は、平成52年（2040年）の段階では68.1％から57.9％に下がるものの全国では最高位を保っています。

戦後の高度経済成長にのって地方から東京に流入してきた若年層が地価の安い郊外のマイホームを購入したことで、首都圏の3県を中心とした郊外の人口は急増し地価も高騰しましたが、バブル崩壊後の地価の長期的な下落のなかで、すでに都心回帰が進んでいます。

郊外は、高齢化により都心部以上に生産年齢人口（15～64歳）から老年人口（65歳以上）への移行が激しくなっていきますが、地価下落により利便性の高い都心部の住宅取得が可能になったことから若い世代にとっては利便性で劣る郊外のマイホームはそれほど魅力がなくなっています。「目で見る2035年、あなたの町の人口ピラミッド」（特定非営利法人「地域・知恵の輪」のHPより抜粋）で次の外縁部の都市の2010年の人口ピラミッドを見ると、高齢化の比率が高く60～64歳をピークに、高齢者（65歳以上の老年人口）と壮年（40～64歳・生産年齢人口）の世代が若年層世代よりも多くなっているのがわかります。

第Ⅳ章　投資マンションの選定

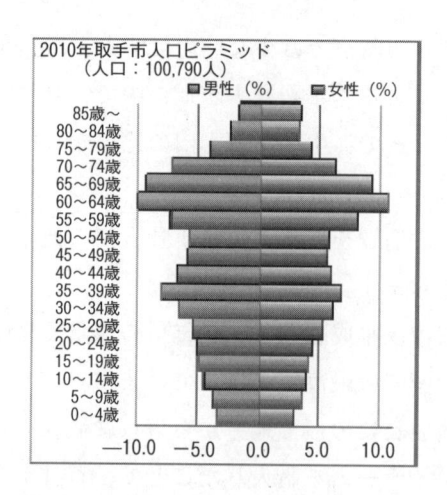

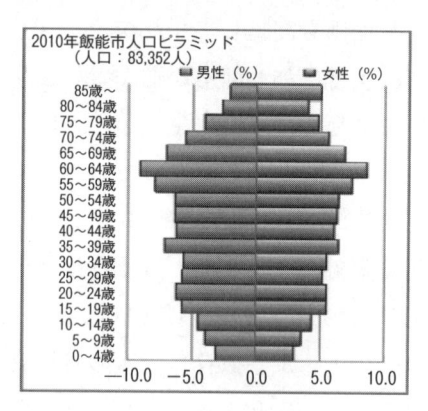

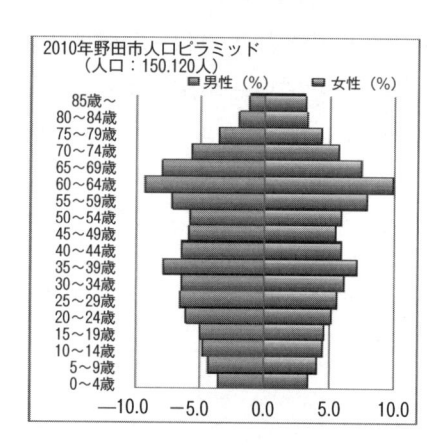

下記は東京都心部に近接する世田谷区・川崎市・船橋市の人口ピラミッドです。世田谷と隣接する川崎市はツリー状でほぼ同じ形状ですが、船橋市はやや高齢者の比率が高く野田市の形状と似ています。ただし、いずれも35〜39歳をピークとして若年層の年代が膨らんでいることから、高齢者（65歳以上の老年人口）と壮年（40〜64歳・生産年齢人口）の世代よりも流入してくる若年層世代が多く、住宅地としての人気が継続していることが推測できます。

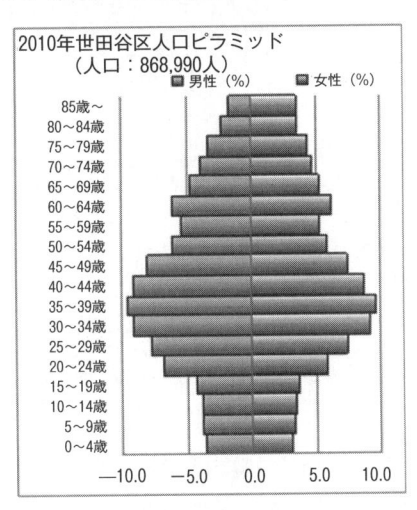

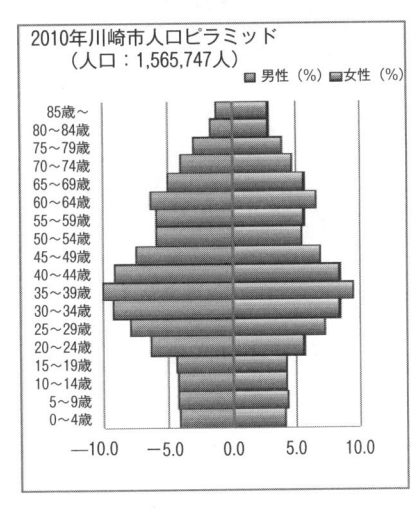

2010年世田谷区人口ピラミッド
（人口：868,990人）

2010年川崎市人口ピラミッド
（人口：1,565,747人）

2010年船橋市人口ピラミッド
（人口：583,119人）
■男性（％）　■女性（％）

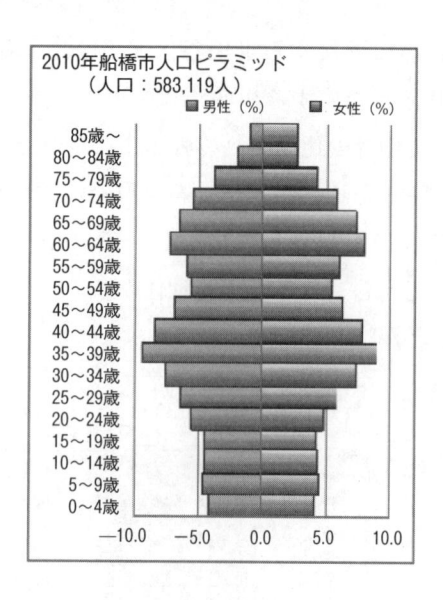

　東京都の総人口は2020年（平成32年）に1,336万人でピークを迎え、以後は人口減少期に入って2035年（平成47年）には1,280万人になります。人口減少は都心部ほど遅いのですが、今年発表になった東京都の人口予測データでは、2030年（平成42年）での人口増加区は中央・港・文京の3区、2035年（平成47年）は港区だけが微増となります。
　去年の予測データでは2035年（平成47年）まで11区が人口増加するとしていましたが、人口減少が加速していくことが判明したのか、港区の1区になってしまいました。

東京都、区部、多摩・島しょの総人口の推移

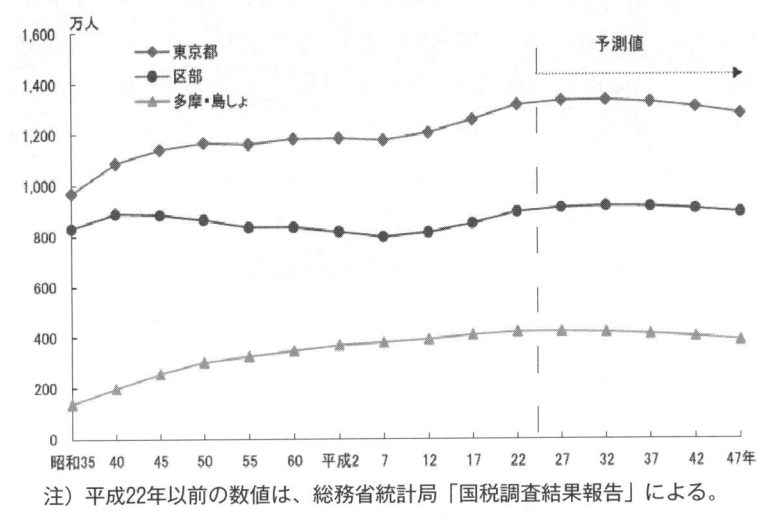

注）平成22年以前の数値は、総務省統計局「国税調査結果報告」による。

東京都区部の2010年（平成22年）〜2035年（平成37年）の人口予測データ

	平成22年 (2010)	平成27年 (2015)	平成32年 (2020)	平成37年 (2025)	平成42年 (2030)	平成47年 (2035)
千代田区	47,115	49,696	50,827	51,407	51,200	50,391
中央区	122,762	135,962	143,157	147,118	147,560	145,689
港区	205,131	214,404	219,377	222,675	224,929	226,293
新宿区	326,309	332,939	337,374	339,357	339,452	337,439
文京区	206,626	213,997	218,365	221,017	221,878	220,755
台東区	175,928	182,496	185,076	185,844	184,592	181,872
墨田区	247,606	252,361	255,659	256,734	255,718	253,521
江東区	460,819	480,222	492,343	498,028	497,265	493,010
品川区	365,302	373,436	375,661	374,178	368,709	360,257
目黒区	268,330	271,991	272,596	271,523	268,906	265,244
大田区	693,373	700,536	702,114	699,027	690,317	677,650
世田谷区	877,138	896,693	906,873	911,496	910,004	903,970
渋谷区	204,492	208,840	207,682	205,410	202,164	198,233

第Ⅳ章 投資マンションの選定

中野区	314,750	313,193	309,668	304,594	297,080	288,662
杉並区	549,569	553,729	554,478	551,824	545,355	535,157
豊島区	284,678	292,444	295,223	294,337	289,519	280,922
北区	335,544	331,662	325,247	316,693	305,927	293,856
荒川区	203,296	208,387	211,409	212,384	211,134	208,246
板橋区	535,824	539,504	539,777	535,959	527,693	516,874
練馬区	716,124	726,143	732,380	732,583	727,620	720,093
足立区	683,426	693,363	694,895	686,907	670,806	650,476
葛飾区	442,586	443,635	443,087	438,646	430,981	421,602
江戸川区	678,967	689,401	692,733	694,160	690,311	684,121

　2010年（平成22年）時点でまだピークを迎えていない区の人口ピラミッドを比較すると、ピークが同じであっても形状が違っています。減少区よりも高齢者の世代の割合が少ないので逆ピラミッドになるのが遅いためです。ただし、中央区は高齢者と子供世代が少なく、江戸川区は子供世代が多く、台東区は子供世代が少なく高齢者が多くなっているように、増加する区でも世代比率が違うためピラミッドの形はかなり違っています。

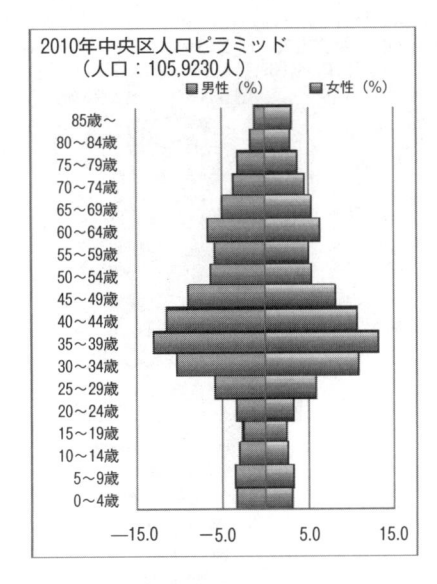

2010年中央区人口ピラミッド
（人口：105,9230人）
■男性（%）　■女性（%）

- 85歳〜
- 80〜84歳
- 75〜79歳
- 70〜74歳
- 65〜69歳
- 60〜64歳
- 55〜59歳
- 50〜54歳
- 45〜49歳
- 40〜44歳
- 35〜39歳
- 30〜34歳
- 25〜29歳
- 20〜24歳
- 15〜19歳
- 10〜14歳
- 5〜9歳
- 0〜4歳

−15.0　−5.0　5.0　15.0

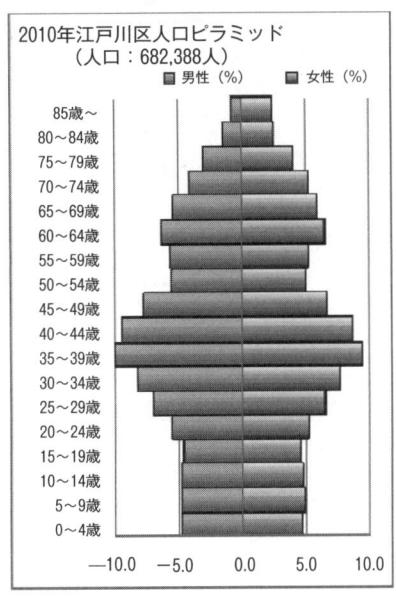

2010年江戸川区人口ピラミッド
（人口：682,388人）
■男性（%）　■女性（%）

- 85歳〜
- 80〜84歳
- 75〜79歳
- 70〜74歳
- 65〜69歳
- 60〜64歳
- 55〜59歳
- 50〜54歳
- 45〜49歳
- 40〜44歳
- 35〜39歳
- 30〜34歳
- 25〜29歳
- 20〜24歳
- 15〜19歳
- 10〜14歳
- 5〜9歳
- 0〜4歳

−10.0　−5.0　0.0　5.0　10.0

2010年台東区人口ピラミッド
（人口：188,447人）
■男性（%）　■女性（%）

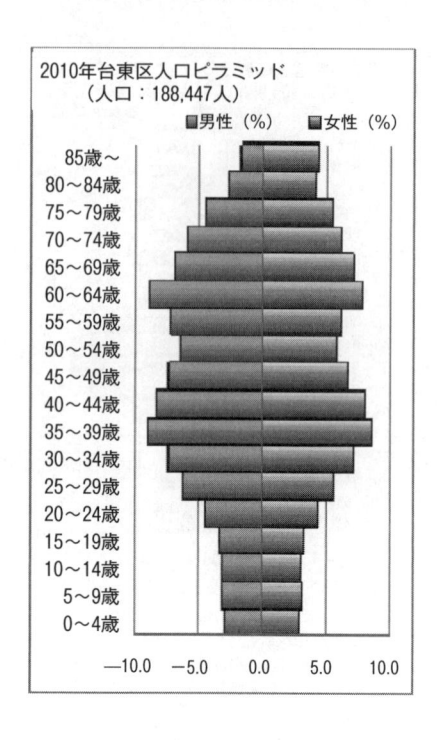

2010年時点で人口増加の続いている年代ピークと不動産のポータルサイト「Home's」で掲示する空家率・賃貸率・賃貸物件空室率のデータは下記のとおりです。

	転入超過率	年代ピーク	空家率	賃貸率	賃貸物件空室率
千代田	1.08	35～39歳	25.8	47.0	36.5
中央	1.22	35～39歳	24.4	57.0	27.7
港	1.50	35～39歳	9.9	51.4	13.9
新宿	1.06	35～39歳	12.6	64.4	15.0
文京	1.14	35～39歳	10.2	53.1	13.1
台東	1.13	35～39歳	15.1	44.4	18.4
世田谷	1.03	35～39歳	7.6	50.3	0
練馬	1.07	40～44歳	10.0	48.8	15.5
江東	1.18	35～39歳	8.3	51.5	7.4

| 墨田 | 1.25 | 35～39歳 | 9.1 | 51.6 | 9.8 |
| 江戸川 | 1.03 | 35～39歳 | 9.5 | 56.1 | 12.5 |

(2) 世帯の変化

　東京都の1世帯当たりの平均人数は現在1.99人で2人を切りました。一人暮らしの高齢者と都市部の独身者の増加によると分析されていますが、この傾向は将来も続いていくようです。開示されている平成37年（2025年）までの世帯数の予測データでは、東京都の世帯数はしばらく増加を続け、平成32年には637万世帯で頭打ちになります。

都内の一般世帯数の推移
（万世帯）

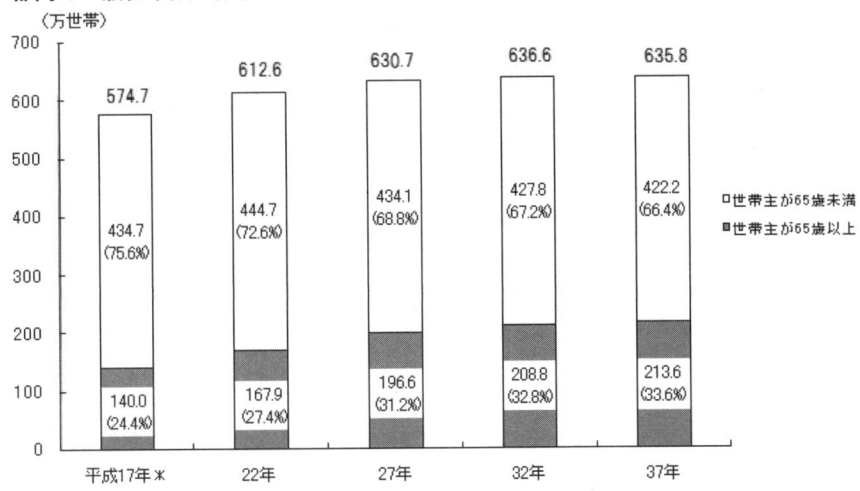

年	世帯主が65歳以上	世帯主が65歳未満	合計
平成17年※	140.0 (24.4%)	434.7 (75.6%)	574.7
22年	167.9 (27.4%)	444.7 (72.6%)	612.6
27年	196.6 (31.2%)	434.1 (68.8%)	630.7
32年	208.8 (32.8%)	427.8 (67.2%)	636.6
37年	213.6 (33.6%)	422.2 (66.4%)	635.8

　なお、平成17年（2005年）の574.7世帯と比較すると約10.8％の増加です。この間人口は1,258万人から1,326万人に増加しますが増加率は約5.4％なので、増加率で比較すると世帯数のほうが大きくなります。これは、次のデータでみると、単独世帯と夫婦のみ世帯の増加のためです。構成年齢でみると圧倒的に65歳以上の世帯数が増加していますの

で、高齢者の単独世帯と夫婦のみ世帯が増加していくことになります。

家族類型別世帯数

世帯類型	平成17年	平成22年	平成37年
単独世帯	188.8万世帯	266.5万世帯	283.6万世帯
夫婦のみ世帯	78.7万世帯	109.3万世帯	115.3万世帯
親と子供世帯	188.6万世帯	200.5万世帯	202.2万世帯
夫婦と子供世帯	153.4万世帯	151.5万世帯	147.0万世帯

年齢階級別世帯数

世帯主の年齢構成	平成17年	平成27年	平成37年
75歳以上	58.8万世帯	94.1万世帯	128.3万世帯
65〜74歳	81.2万世帯	102.4万世帯	85.3万世帯

世帯構成年齢

世帯主の年齢構成	平成17年	平成22年	平成37年
65歳以上	24.4%	27.4%	33.6%
55〜64歳	18.1%	16.7%	17.7%
45〜54歳	14.9%	15.8%	19.6%
35〜44歳	17.8%	19.2%	13.0%
25〜34歳	17.9%	15.0%	10.9%
15〜24歳	6.9%	5.9%	5.3%

　世帯とは、同一の住居で起居し生計を同じくする者の集団であり、住居の数とは一致しませんが、非婚化と核家族化により高齢者が2人もしくは1人で生活するケースが多くなります。健康な間は自宅もしくはより高齢者の暮らしやすい住まいに住み替え、最後はマイホームではなくシルバー施設や高齢者向けの賃貸住宅に移転していくケースが増えるものと思われます。いずれにしても、単身者と夫婦2人向けの住宅というニーズが増加することになりますが、学生や若い単身者向けのワンルームでは、十分なスペースを確保できないことや、ワンルーム専用のマンションの設備・管理等にも充足できないので、コンパクトタイプの需要

が多くなるのは必然です。この流れは大都市だけではなく地方都市にも広がる可能性があります。また、賃貸ニーズもありますが、セカンドハウスあるいは住み替えとして分譲タイプの需要が拡大していきます。

(3) 都心回帰

① バブル崩壊後の都心回帰

　バブル崩壊後の都心回帰が如実なのは中央区です。戦後上昇に転じた人口は昭和28年にピークに達して下落に転じます。地価上昇に対して負の相関です。しかし、バブル崩壊後平成9年を底に人口は増加に転じ、平成24年には平成9年に対して約1.7倍にまで上昇しています。これは、バブル崩壊後の地価下落により、臨海部の業務用地を中心に大量のマンション建設が進んで、新築マンションの分譲価格と賃料水準の割安感から一挙に若い世代が転入してきたからです。この一連の人口の変動が千代田・港・新宿・渋谷・文京等の都心部でも起こっています。

中央区の人口の推移（各年1月1日現在）

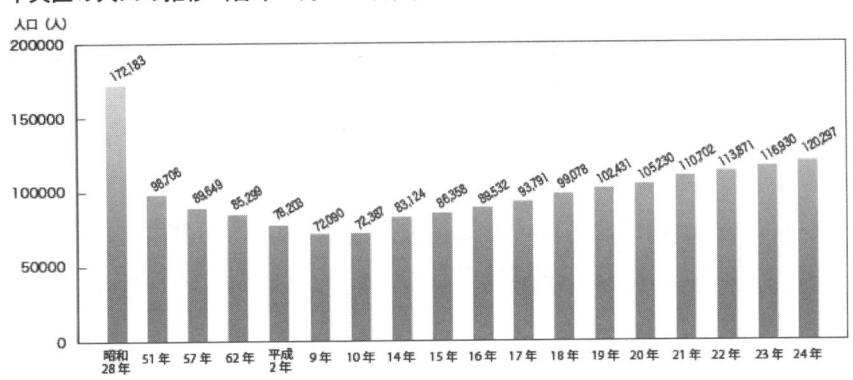

年	人口（人）
昭和28年	172,183
51年	98,706
57年	89,649
62年	85,299
平成2年	78,203
9年	72,090
10年	72,387
14年	83,124
15年	86,358
16年	89,532
17年	93,791
18年	99,078
19年	102,431
20年	105,230
21年	110,702
22年	113,871
23年	116,930
24年	120,297

（中央区HPより抜粋）

　世田谷区の人口推移は中央区とは異なり、戦後の高度成長にリンクするかのように上昇を続けて、バブル前にほぼピークに達し、バブル崩壊後に若干減少に転じたものの、平成7年以降緩やかな上昇をしていま

す。隣接する目黒区や渋谷区では中央区と似た人口変動を示していますが、杉並区・中野区・江東区は世田谷区と同じ傾向になっています。したがって、都心回帰といえるのは、中心5区とその隣接区の一部で、オフィス等の業務用地のマンション建設が都心回帰に大きく影響しているものと推測されます。

世田谷区の人口推移

(グラフ：昭和25年から平成22年までの世田谷区の人口推移。昭和25年約400,000人から平成22年約850,000人まで概ね増加傾向)

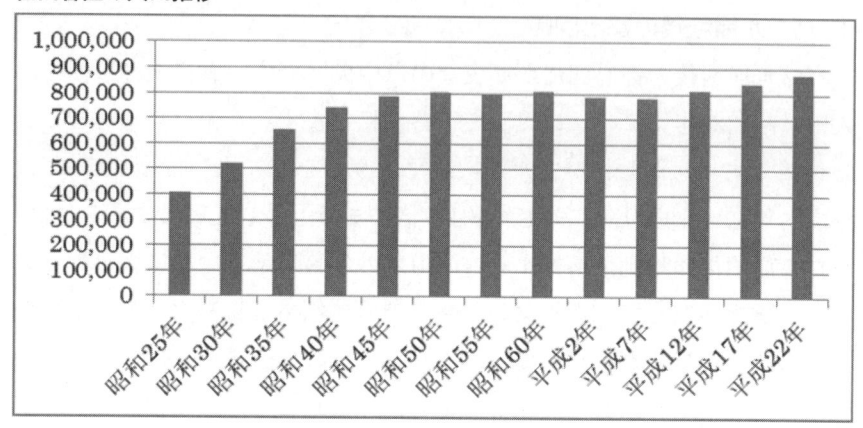

② 人口減少による都心回帰

バブル崩壊後の都心回帰は次表のとおり、地価下落が長期化しバブルが消えたころから、新築マンションが割安になり発生しています。しかし、今後の人口減少は郊外から始まるので、郊外の地価は下落しますが、すぐに都心へは波及はしません。ドーナツ化現象が起きたのは、都心の地価が上がりすぎて購入可能な地価の安い郊外エリアがベッドタウン化したからです。都心回帰は都心部の地価下落がないと発生しないことになります。

最新の人口データでは都心中心部の人口は2025年（平成37年）をピークにして、減少期に入ります。昨年までの人口データでは2035年（平成47年）がピークでしたが、人口減少が加速していくのかピークまで15年を切ってしまいました。人口が反転して増加しなければ、都心中心部も長期的には地価や賃料が下落することになり、結果として割安感から郊

外からの都心回帰が起こります。そうなると都心中心部では近郊の人口が流入するので減少が止まり地価や賃料も安定し、近郊では流出により人口減少が加速し、地価や賃料の下落がさらに進むことになります。いずれにしろ、人口減少のリスクは都心中心部ほど低いことになります。

　また、地価高騰は都心中心部で発生し、周辺区そして郊外へと拡大します。今後も経済活動が活発化して東京の高度商業地に企業の集積が起こると、賃料上昇を受けてオフィス開発に火が着きます。そうなると、都心部と周辺区の住宅地に限っては人口増加という可能性もあります。

東京圏の地価推移グラフ
(指数：昭和49年=100)

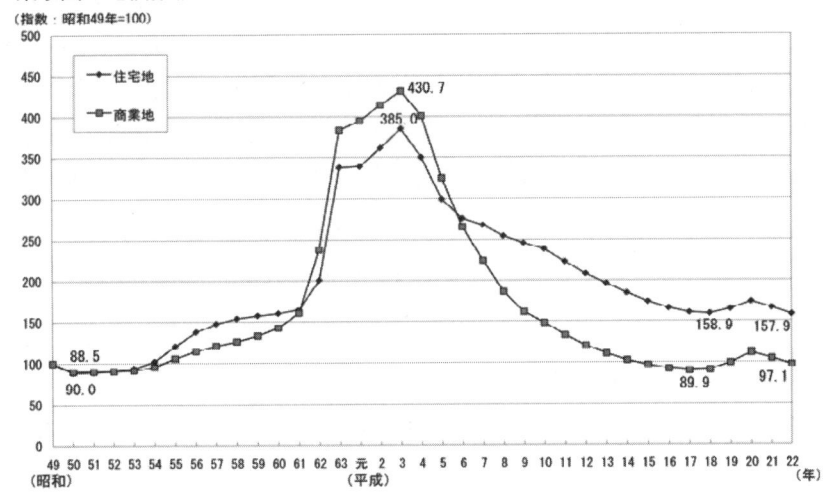

住宅地 88.5 → 430.7 → 158.9 → 157.9
商業地 90.0 → 385.0 → 89.9 → 97.1

中央区の人口推移

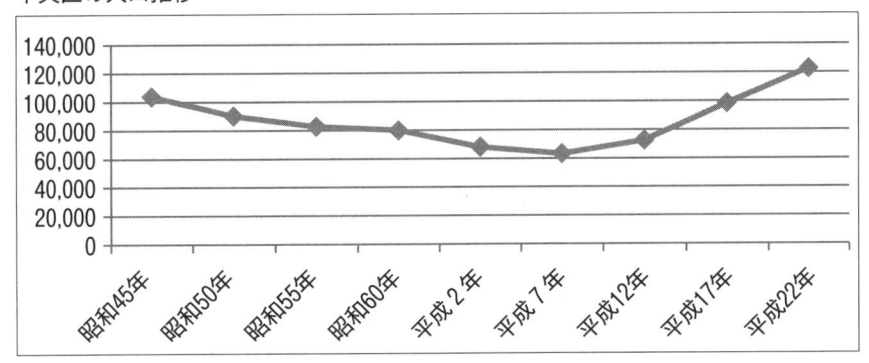

2. 投資対象としてのマンション

(1) 住居系の不動産投資

　個人投資家の不動産投資の対象は住居系不動産が多くなります。小型のオフィスや店舗は流通物件が少ないことと、立地が限定されることや景気の影響を受けやすいのでリスクが高くなります。したがって、流通物件が多いこと、景気に直接影響を受けないこと、個人の広範な需要によりエリア別に重層的に賃貸マーケットが形成されている等の理由で、住居系の物件が選好されます。形態としては1棟のマンション・アパートと投資額の少ないマンション1室（区分所有建物）になります。

形態	投資物件としての特徴
1棟のマンション	○区分所有建物の集合体であり1室ごとに売却が可能であることから、オフィスビルに比べると流動性が高く出口のリスクが低くなるといわれています。 ○レジデンスはオフィスよりも総額としての規模は小さいものの、物件数は圧倒的に多く、立地するエリアも広範囲になっています。長期的な地価下落により、所有よりも賃貸とするライフスタイルが若年層に定着していることもあり、今後も大都市を中心とした1棟の賃貸マンションは投資対象としては安定したアセットであることは間違いありません。ただし、今後は人口減少のなかで選別化されていくことから、エリア・立地・建物の性能等が益々重視されていくことになります。 ○1棟の賃貸マンションは法人・個人の投資家によって長期保有を目的として投資されてきましたが、オフィスに比

	べると規模が小さく、転売市場（セカンダリーマーケット）のない状態が続いていました。しかし、リートを中心とした不動産証券化市場の発展のなかで、安定したアセットとして定着し、大都市で一定の規模のものであれば転売が可能な市場が形成されています。 ○１棟の場合には入居需要が幅広くて賃料単価の高いワンルームが多く、コンパクトやファミリータイプは少なくなります。
アパート	○アパートは一般的には木造もしくは鉄骨造の低層の建物を指しており、堅固で中高層の多いマンションと比べて、敷地規模・建物規模が小さくなります。 ○マンションとは異なり１室ごとに区分所有されることもありません。空間としての気密性が保たれないために、居住者にとっては騒音・水漏れといったリスクがあります。また、マンションに比べると耐用年数が短く、築後一定の年数が経過すると競争力が低下することで、賃料ダウンや稼働率低下のリスクが高くなります。 ○区分所有ではないので、出口は賃貸アパートとして個人投資家に売却するか、入居者の立退き後に建物解体をして更地で売却するか、建替えというシナリオになります。
１室のマンション	○既述のとおり税務上の耐用年数は50年程度です。しかし、東京の都心部には昭和30年代に建築されたマンションで現存しているものも多く、耐震性に問題がなければ65年程度は寿命があるものと考えられますが、区分所有であり建替えのリスクが高くなります。 ○郊外のバス便のエリアのように立地に難点があると、将来のマンションニーズが見込めず建替え不可のケースも発生し、結果としてスラム化するか空家のまま放置されるというリスクがあります。また、立地に問題がなくても、区分所有者間で建替えの合意形成が必要なため、経済合理性の観点からだけでは建替えがスムーズにいかないリスクもあります。 ○中古マンションには、マイホーム等の居住目的の物件で形成される住宅市場と、賃貸中の物件で形成される投資市場が併存しています。住宅市場は取引価格を指標として価格が成立し、投資市場では賃料と利回りを指標として価格が形成されます。通常は同じマンションであっても住宅市場の取引価格のほうが、価格水準が高くなるため、

賃貸物件を出口で空室にして住宅市場で売却するということが行われています。
○1室のマンション投資のメリットは投資額が小さいこと、賃貸管理以外の建物管理等が不要であることです。ワンルームであれば賃貸管理もセットされています。デメリットは新築物件では分譲に際しての経費等が価格にオンされているために利回りが低いので、経年減価と中古の利回り物件として利回りがアップしないと投資対象にならないこと、入替期の空室期間は収入がゼロになることです。ただし、1室の中古マンションを違うエリアで複数保有すれば、ポートフォリオも効きますし、収入ゼロの不安も解消されます。

（2） マンション投資

① マンション区分

マンションについては、下記のとおり規模により高級・ファミリータイプ・コンパクトタイプ・ワンルーム等に細分化され、エリアあるいは業態によりリゾートマンション、高齢者向けマンションに区分されます。1室での賃貸は、規模等で細分化された高級・ファミリータイプ・コンパクトタイプ・ワンルームに分かれます。比率としてはワンルームが圧倒的に多くなります。

タイプ	要因	エリア	入居者	立地条件
高級	景気 外資の進出と撤退動向	都心中心部	外国人 法人 高額所得者	都心オフィス近接 高級住宅地 差別化 超高層
ファミリー	所得 企業の補助	都心〜郊外全域 大都市 地方都市	法人（社宅） ファミリー	通勤距離 最寄駅への接近性 生活利便性
コンパクト	核家族	都心〜郊外全域	ディンクス	通勤距離

	非婚化 高齢化	大都市 地方都市	単身者	最寄駅への接近性 生活利便性
ワンルーム	大都市への流入 核家族 非婚化	都心～郊外全域 大都市 地方都市	単身者 学生	通勤・通学距離 最寄駅への接近性 生活利便性
リゾート	セカンドハウス	リゾート地 温泉	長期滞在 高齢者	大都市へのアクセス 観光・温泉・レジャー 自然環境
高齢者	核家族 高齢化 介護	郊外 大都市 地方	高齢者	商業施設・病院近接

② マンションタイプ別の投資物件としてのポイント

区分	投資物件としてのポイント
高級賃貸	○高級賃貸は東京中心部を除くと市場は極めて小さくなります。富裕層向けの1室の規模の大きいタイプで、港区・渋谷区・千代田区等の高台の高級住宅地が中心ですが、臨海部等の超高層マンションも該当します。 ○外国人向けは特に港区に集中しています。規模としてはユニット30～100坪程度で、コンシェルジュや様々なサービス付きの1棟賃貸と分譲タイプの1室を賃貸するものに分かれます。分譲タイプの場合は築年の古いものでもブランドとして認知されたマンションであれば競争力は落ちないようです。 ○個人の居住とはいえ法人貸しが大半であり、国内景気の好転、外資の日本進出といった要因により需給が変動します。外国人賃貸の場合には為替レートの変動により賃料水準の影響を受けることになります。 ○賃料単価が高く、隣接するビジネス街のオフィスと同等の水準のものもあります。賃料が高く、テナントの絶対量が少ないので、空室リスクは高くなります。1室の購入価格も高いので利回りは高くなりません。
ファミリー	○分譲タイプのマンションの賃貸が多くなります。個人が居住用で購入したものを賃貸で回すケースか、最初から投

		資用セカンドハウスとして購入し賃貸するケースです。 ○賃貸中のユニットはオーナーチェンジ物件として投資市場で流通しますが、居住用として分譲されたことから、大量に物件の流通している居住用住宅市場と重なっています。ただし、同じ1室であっても投資市場は利回りに基づいた収益価格で形成され、居住用の中古市場では類似物件の取引価格に基づいた価格水準により取引が成立します。 ○規模的には最小面積55～60㎡でコンパクトタイプと重なります。ワンルームに比べると賃料単価が低く、利回りも低くなります。 ○子供のいる家族向けですが、社宅としての法人貸しも多いようです。 ○出口で空室にして住宅市場で売却することができます。
	コンパクト	○分譲タイプのマンションの賃貸が多くなりますが、規模的にワンルームと重なるので、デベロッパーが開発した1棟を1室ごとに個人投資家向けに投資用として分譲し、開発した業者が1棟をそのまま管理しているケースもあります。 ○居住用として分譲されたものは、ファミリーと同じように大量に物件の流通している居住用住宅市場と重なっています。値付けはファミリーと同じです。 ○単身・ディンクスがテナントになります。規模的には35～60㎡の範囲でファミリーとワンルームに重なります。一般的には賃料単価としてはワンルームに比べると低くなり、利回りも低くなります。 ○分譲タイプであれば出口で空室にして住宅市場で売却することができます。 ○ワンルームに比べるとテナントニーズは少なくなりますが、高齢者を含めた単独世帯の増加により、今後のニーズは増加していくものと思われます。 ○シェアハウスによる賃貸が増加しています。今後も増加を続けるのか、トラブル多発により減少していくのかはわかりませんが、コンパクトタイプであればシェアハウスという選択もあります。
	ワンルーム	○賃貸中の区分所有建物（マンション1室）のうち、ワンルームタイプは、開発した1棟を1室ごとに個人投資家向けに投資用ワンルームとして分譲し、開発した業者が

	1棟をそのまま管理しながら分譲したユニットごとに学生や単身者に賃貸して、管理料と直接費用等を差し引いたリターンを投資家ごとに配分するという仕組みが出来上がっています。 ○規模は15～30㎡程度です。 ○また、中古になって売却しても、オーナーチェンジだけで仕組みが踏襲されるケースが多く、ワンルームの市場が独自に形成されているといえます。 ○賃料単価はファミリー等よりも高く、物件数も圧倒的に多くなります。空室状態の物件は少なく、賃貸中のオーナーチェンジの物件が大半です。 ○出口はコンパクトタイプと異なり、空室にしてもマイホームとしての購入ニーズは期待できません。個人投資家に利回り物件として売却するしかありません。建替えの合意形成については、オーナー間の調整が難しいものと思われますが、立地・規模の面から建替えにメリットがある場合には開発業者が買い戻すかもしれません。 ○学生・単身者の賃貸ニーズは今後も安定的ですが、ワンルーム規制もあって供給は鈍っています。一方で人口減少の流れにより物件選別が厳しくなると思われますが、新築が減少するのであれば、経年よりも立地重視になっていくかもしれません。

③ ワンルームとコンパクト

　下表は、中央区内の中古ワンルームと、コンパクトの売出し情報に基づいて作成したものです。

中央区内の中古ワンルーム（2013年6月売出中のオーナーチェンジ物件）

	最寄駅	売出価格 （万円）	表面利回り（％）	月額賃料（円）	専有面積 （㎡）	築年（年）
1	東銀座3分	1,100	8.2%	74,983	22	32
2	東銀座4分	1,660	11.9%	165,032	29.15	35
3	東銀座3分	1,100	8.3%	75,992	19.85	32
4	新富町2分	1,080	10.2%	92,070	25.93	32

	最寄駅	売出価格（万円）	表面利回り（%）	月額賃料（円）	専有面積（㎡）	築年（年）
5	新富町3分	1,810	9.0%	135,901	35.19	35
6	勝どき4分	1,280	8.9%	94,933	28	39
7	勝どき4分	1,150	8.2%	78,967	18.75	15
8	新富町2分	1,180	11.2%	109,937	40.05	42
9	水天宮1分	1,050	9.1%	79,975	26.67	32
10	月島2分	1,050	9.1%	79,975	24.3	40
	合計	12,460	94.2%	987,764	234.7	334
	平均	1,246	9.4%	98,776	23.47	33.4
平均単価（円/㎡）	中古価格単価	530,890	平均賃料単価	4,209		

中央区内の中古コンパクト（2013年6月売出中の物件・空室）

	最寄駅	売出価格（万円）	表面利回り（%）	月額賃料（円）	専有面積（㎡）	築年（年）
1	浜町3分	1,578	9.1%	120,000	40	38
2	浜町2分	1,580	9.1%	120,000	40.05	37
3	新富町1分	1,750	8.9%	130,000	44.08	42
4	馬喰町1分	1,780	8.1%	120,000	41.85	33
5	人形町1分	1,890	8.9%	140,000	43.06	30
6	八丁堀5分	1,950	9.2%	150,000	44.72	28
7	月島1分	1,980	7.9%	130,000	45.31	32
8	築地5分	1,980	9.1%	150,000	44.1	33
9	水天宮4分	1,980	7.3%	120,000	40.77	33
10	築地4分	1,980	7.9%	130,000	40.88	32
	合計	18,448	85.5%	1,310,000	424.82	338
	平均	1,845	8.5%	131,000	42.482	33.8
平均単価（円/㎡）	中古価格単価	434,255	平均賃料単価	3,084		

（空室なので賃料は査定です）

平均値で比較すると次のような結果になります。

	ワンルーム	コンパクト
平均価格単価	531,000円/㎡	434,000円/㎡
平均賃料単価	4,200円/㎡	3,100円/㎡
表面利回り	9.4%	8.5%

　この章の冒頭で、投資マンション選別の基準は、安定的な賃貸収支と出口の流動性ですと規定しましたが、賃料単価が高く、利回りも1％程度高いので、安定的な賃貸収支の面からはワンルームのほうが有利といえます。

（開発法によるマンション価格）

　東銀座駅5分圏、容積率500％の600㎡の土地にワンルームとコンパクトタイプの分譲マンションを想定します。ワンルームを前記の平均専有面積23.5㎡分譲価格2,300万円、コンパクトも同様に42.5㎡、分譲価格3,600万円で販売ができるとすると、マンション用地は170万円/㎡で取得できれば採算が取れます。概算ですが、容積率500％の敷地に容積限度でマンションを建設した場合、専有面積1㎡で0.2〜0.25㎡の敷地持分面積になります。面積比で配分すると、ワンルーム23.5㎡の場合には4.7〜5.9㎡、コンパクト42.5㎡の場合には8.5〜10.6㎡となります。ここでは平均を取ってワンルーム5㎡、コンパクト9.5㎡として敷地持分価格を求めると次のとおりです。

	ワンルーム	コンパクト
敷地価格	170万円/㎡	
敷地持分面積	5㎡	9.5㎡
敷地持分価格	850万円	1,615万円
敷地持分価格割合	68%	88%

投資マンション選別の基準には出口の流動性の問題があります。前記の場合、中央区なので敷地価格の単価が高く、中古のワンルームでも敷地持分価格は850万円で中古平均価格の68％（敷地持分価格割合）になります。一方、コンパクトの敷地持分価格割合は88％で、1,615万円です。

コンパクトタイプは空室にして居住用として転売することができますし、平均で築34年ですが、敷地持分価格に近いところまで減価が進んでいるので、これからの下落リスクは少ないと推測されます。ワンルームは利回り物件としてしか売却できないのと、建替えのリスクが高いので、出口の流動性ではコンパクトタイプのほうが有利といえるかもしれません。

④ **マンション投資の問題**

個人投資家向けの投資物件は、居住用の中古物件と同じように不動産業者の専用ホームページや独立系の不動産ポータルサイトに掲載されています。物件量は居住用に比べると少なくなりますが、居住用の物件は購入側の希望エリアは限定されるのに対して、投資用の場合には購入側の希望エリアは広範囲になります。戸建住宅や居住用のマンションの取引価格については、過去の取引価格に基づいて査定されており、購入側としては比較検討が容易ですが、投資用に関しては満室時の賃貸収入と取引価格の相関を示す表面利回りが投資判断の基準となります。1室のマンションは賃貸中であれば満室であり、賃料水準の把握も容易なので現行賃料が高いのか安いのか、費用も管理費・修繕積立金・固定資産税程度は予測できるので、還元利回り（取引利回り）を査定することは難しくはありません。しかし、1棟のレジデンスやアパートでは空室の状態と、種々の費用、大規模修繕費の必要性等が判明しないとかなり難しくなります。また、オーナーチェンジのケースでは、専有部分の内覧ができないこともあって、物件に内在している瑕疵やリスクについての判

断ができないという問題もあります。

　1棟マンションに関しては、法人投資家と個人投資家とで重なる価格帯の物件もあります。法人投資家の投資物件の情報は、直接デベロッパー等の売主から入る場合と大手仲介業者を介する場合がありますが、証券化市場の成熟化により取引利回りの水準にはコンセンサスがあることや、購入に際しては外部の鑑定機関等による鑑定評価を取り付けることで取引価格の妥当性を検証する仕組みが出来上がっています。また、建物に関しての耐震性・遵法性等の診断（エンジニアリングレポート）や、テナントの信用力等に関しての審査等によりリスクを検証し、問題のない物件を選択することができます。しかし、個人投資家の取引では、この仕組みがないために購入者側のリスクがヘッジされないという問題が残ります。

3. 投資マンション選択のプロセス

　1棟のマンションもアパートも1室マンションも賃料が事業収支の鍵です。エリア（エリア立地）ごとにワンルーム・コンパクト・ファミリーとタイプ別の賃料水準が形成されていますが、さらに、エリア内立地（駅距離・周辺環境・生活利便施設の状況）、共用部分（建物規模・設備・管理・経年）、専有部分（間取り・設備・仕上げ・劣化）等の要因によって賃料が変動します。

　一方で、テナント（入居者）には住みたい街（エリア立地）と間取りの希望と予算（賃料）がまずあって、そこから多くは不動産業者の専用ホームページや独立系の不動産ポータルサイトにアクセスして、エリア内立地（駅距離・周辺環境・生活利便施設の状況）を検討して希望物件を幾つかセレクトし、賃貸管理をしている不動産業者を経由して内見することになります。内見で、共用部分（建物規模・設備・管理・経年）、専有部分（間取り・設備・仕上げ・劣化）等を比較しながら、予算とすり合わせて借りる物件を選択します。この一連の流れは評価と同じですが、老朽化したマンションであっても斬新なデザインや機能性が高ければ人気があるように、個々のテナント（入居者）のライフスタイルや好みで何を重視するかには違いが出てきます。

　流通している賃貸物件の数は売買の物件に比べると圧倒的に多くなります。次表の不動産ポータルサイト「Home's」のデータのとおり、東京都では全住宅数の約半分が賃貸であり、賃貸物件の空室率は全国平均で18.9％、東京で13.8％と供給過剰にあることを示しています。人口減少期に入っても分譲マンションの新築は続き、一方で老朽化物件の建替えは進まないことから賃貸物件の数は増加していくことになります。人

口減少が進み都心中心部の賃料が下落すると賃貸による都心回帰の傾向が出てくると推測されますが、郊外でも住みたい街として人気の高いエリアでは回帰が起こらず、より外縁部からの都市への人口流出だけが続いていくような気がします。

Home'sの賃貸経営2013年7月現在のデータ

	全住宅数	空家	空家率	賃貸比率	賃貸専用住宅	空家	空室率
全国	57,191,170	7,459,110	13.1%	38.3%	21,919,410	4,141,050	18.9%
東京	6,762,110	747,080	11.0%	49.6%	3,352,840	46,010	13.8%

(1) 立地分析

① エリア立地

A. ビジネスゾーンへの時間距離

　ビジネスゾーンの集中する東京都内中心部の5区（千代田・中央・港・新宿・渋谷）について、居住区の勤労者が勤務地としている地区の比率の高い順に上位5区をランク付けすると次表のとおりです。千代田区に居住する勤労者の51％が千代田区に勤務先があり、文京区に居住する勤労者の15％が千代田区に勤務先があるということになります。

勤務地と居住地の関係—1

勤務地	勤務地に対しての居住人口比率の高い上位5区				
	1	2	3	4	5
千代田区	千代田	文京	中央	新宿	港
	51%	15%	11.60%	10.90%	9.70%
中央区	中央	江東	墨田	台東	江戸川
	46.50%	12.40%	9.00%	8.70%	8.50%
港区	港	品川	目黒	渋谷	中央
	48.70%	14.30%	14.10%	12.90%	11.60%
新宿区	新宿	中野	杉並	渋谷	世田谷
	41.50%	15.60%	10.70%	9.60%	6.20%
渋谷区	渋谷	目黒	世田谷	杉並	中野
	35.30%	10.50%	9.50%	7.20%	6.40%

（注）上記リストは、平成17年の国勢調査に基づく東京都の「地域相互間の昼夜間移動状況—通勤者」のデータにより作成

　この5区は東京でも地価と賃料の最も高いエリアですが、千代田から渋谷まで1位はすべて職場と住宅が同一区で、その比率は35〜51％、2〜5位もほぼ隣接する区で職住接近の傾向が明確になっています。同一区内と隣接区であれば、徒歩通勤も可能となりますが、職場と居住地の最寄駅間、千代田区であれば東京駅・大手町と千石（文京）・勝どき（中央）・落合（新宿）・白金台（港）等の駅間の所要時間を計っていくと、マックスで20分（注）です。勤務地と5位までの居住区が同一区か隣接区域で占められていることから、各ビジネスゾーンから20分（注）内のエリアが職住接近の目安になると考えられます。

　（注）世田谷は面積が広く鉄道駅によっては勤務地主要駅へ30分程度
　　　　を要する区域もあります。

　東京区部のうち、市部及び隣接県との境界に位置する江戸川・葛飾・足立・北・板橋・練馬・杉並・世田谷・大田の10区内の外縁部の鉄道駅から、ビジネスゾーンの集中する東京都内中心部の5区（千代田・中

央・港・新宿・渋谷）全域への所要時間は、乗り換え時間を入れてほぼ15～50分の範囲にあります。千代田区・中央区の東京駅前・大手町・日本橋・銀座であれば、全域15～45分で連絡しています。

　東京区部は中心5区（千代田・中央・港・新宿・渋谷）の各ビジネスゾーンに、ほぼ同一区と隣接区にあって0～20分で連絡する職住接近エリアと、20～50分のエリアに区分することができます。ただし、東京市部と隣接県であっても、鉄道によっては0～20分で連絡するエリアがあります。例えば、住宅地として人気のある浦安（千葉県）・吉祥寺（武蔵野市）・武蔵小杉（川崎市中原区）は、東西線で大手町・日本橋、中央線と井の頭線で新宿・渋谷、横須賀線・東横線・JR湘南新宿ライン等で東京・渋谷・新宿に20分内で連絡しています。

東京区部における勤務地とのアクセス区分

○東京都内中心部の5区（千代田・中央・港・新宿・渋谷）のビジネスゾーンについては、居住地として比率が高い同一区隣接区との時間距離を目安にすると、最寄駅間の時間距離20分以内のエリアが職住接近の一つの基準と考えられます。
○都内区部であれば東京都内中心部の5区（千代田・中央・港・新宿・渋谷）のビジネスゾーンにほぼ全域15～50分で連絡していることから、ビジネスゾーンごとに前記の20分以内の職住接近エリアと20～50分のエリアに区分できます。
○東京市部と隣接県であっても、東京都内中心部の5区（千代田・中央・港・新宿・渋谷）のビジネスゾーンに乗り換えを入れて20分以内で連絡する職住接近エリアがあります。

B．地縁的選好性

　住宅地としての効用はビジネスゾーン等へのアクセス（所要時間等）が最大のポイントであり、地価も賃料も中心部への距離が遠くなるにしたがって逓減していきます。しかし、住宅地としての人気度と通勤時間は必ずしも一致しません。生活利便性や子供の教育環境の重視、オン・オフのために職場との適度な距離感、自然環境、好みの沿線やブランド

住宅地へのこだわりといった地縁的選好性等が作用するからです。したがって、地価・賃料も同心円状に逓減するのではなく、地縁的選好性等が強く人気のある地域については、都心部からの距離における逓減の程度が低くなります。

前述の「地域相互間の昼夜間移動状況—通勤者」のデータから、絶対数により作成した都心中心5区勤務者の居住地の上位5区は次表のとおりです。人気は神奈川県との境界に位置する世田谷区が圧倒的で、隣接する渋谷区はもちろん、官公庁と大手企業の本社ビルの集積する千代田区・港区でも居住地1位になっています。世田谷区は副都心渋谷駅をターミナルとする東急東横線・田園都市線・京王井の頭線と、新宿駅をターミナルとする小田急線・京王線が放射状に走行しますが、井ノ頭線を除く4線は、相互乗り入れする地下鉄によって表参道・日比谷・銀座・大手町・九段下等で千代田・中央・港のビジネスゾーンにも直結しています。ターミナル駅の渋谷と新宿の背後地ですが、百貨店と専門店の集積する二子玉川、独特の賑わいを見せる自由が丘（駅周辺は目黒区）、三軒茶屋、下北沢等があり、古くからの商店街が形成された沿線駅前も多く生活利便性も良好です。また、区域の沿線には都市中心部と肩を並べる高級住宅地が形成されているように、総じて地縁的選好性が高くなっています。

ビジネスゾーンの集中する東京都内中心部の5区（千代田・中央・港・新宿・渋谷）全域への所要時間は、乗り換え時間を入れてほぼ15〜45分の範囲にあります。なお、不動産のポータルサイト「Home's」の「賃貸経営」のデータでは、世田谷区の持家と賃貸の比率はほぼ50：50です。

勤務地と居住地の関係―2

勤務地	勤務地に対しての東京区部居住地上位5区（単位・人）				
	1	2	3	4	5
千代田区	世田谷	江戸川	杉並	練馬	江東
	31,064	22,801	21,913	19,035	18,686
中央区	江東	江戸川	中央	世田谷	足立
	24,838	23,779	19,438	19,032	16,257
港区	世田谷	大田	港	品川	杉並
	37,882	31,649	31,219	22,447	19,435
新宿区	新宿	杉並	世田谷	練馬	中野
	50,548	23,397	20,781	19,764	18,166
渋谷区	世田谷	渋谷	杉並	目黒	練馬
	31,906	27,390	15,798	11,100	8,982

　一方、世田谷に次いで江東・江戸川が千代田区と中央区、杉並が千代田区・港区・新宿区、練馬が千代田区・新宿区とそれぞれ複数区にランクインしています。新宿・渋谷に近接することもあって城西・城南方向に人気が高い区が集中しています。

　また、広域的な商圏に支えられた繁華性の高い商業地、銀座・新宿・渋谷を抱える中央区・新宿区・渋谷区では、小売業・飲食業等の比率が高いので職住接近が重視され、同区内と近接区の居住者の比率が高くなっていると思われます。

　なお、前述の不動産のポータルサイト「Home's」の「賃貸経営」のデータによると、東京区部の各区の空家率と賃貸物件の空室率は次表のとおりで、職住接近で人気が高いはずの千代田区と中央区の空家率と賃貸物件の空室率が突出して高いのが気になります。また、世田谷区の空家率7.6％・空室率0で、こちらは地縁的選好性等が高いのか突出して数値が低くなっています。

東京区部の空家率と賃貸物件空室率（2013年7月）

	空家率	賃貸空室
千代田	25.8	36.5
中央	25.4	27.7
港	9.9	13.9
新宿	12.6	15.0
渋谷	13.7	14.8
豊島	12.9	18.9
文京	10.2	13.1
台東	15.1	18.4
品川	11.7	7.6
大田	12.2	17.4
世田谷	7.6	0
目黒	16.3	28.2
中野	9.1	9.9
杉並	10.3	12.9
板橋	11.6	14.3
練馬	10	15.5
墨田	9.1	9.8
江東	8.3	7.4
江戸川	9.5	12.5
北	10.3	12.1
荒川	12.8	20.5
葛飾	11.8	16.9
足立	12.5	18.2

　次表の「リクルート」の運営する不動産・住宅サイトの「スーモ」の「住みたい街」アンケート（2012年）では、年代と世帯で区分されたグループも含めて毎年「吉祥寺」が1位になっています。

「住みたい街」アンケート（2012年）

	総合	20代シングル	共働きカップル	ファミリー
1	吉祥寺（1位）	吉祥寺（1位）	吉祥寺（1位）	吉祥寺（1位）
2	横浜（2位）	横浜（2位）	横浜（2位）	横浜（2位）
3	自由が丘（3位）	新宿（4位）	自由が丘（3位）	自由が丘（3位）
4	鎌倉（4位）	下北沢（5位）	鎌倉（5位）	鎌倉（4位）
5	大宮（10位）	大宮（13位）	二子玉川（4位）	二子玉川（5位）
6	下北沢（9位）	池袋（7位）	大宮（17位）	大宮（7位）
7	新宿（5位）	自由が丘（3位）	品川（11位）	国立（11位）
8	二子玉川（5位）	中野（8位）	中野（7位）	中野（28位）
9	中野（12位）	恵比寿（6位）	目黒（13位）	武蔵小杉（10位）
10	代官山（11位）	中目黒（9位）	川崎（19位）	品川（33位）

（　）内は前年2011年の順位

　この中で「新宿」「池袋」「横浜」「川崎」「大宮」はターミナル型の高度商業地であり、住みたい街としてのイメージが漠然としているのでここでは除外し、残りのランクインした街を沿線等で区分すると下表のようになります。

沿線別住みたい街

沿線	住みたい街			
中央線	吉祥寺	中野	国立	
	武蔵野市	中野区	国立市	
山手線	恵比寿	目黒	品川	
	渋谷区	品川・目黒区	港区	
東横線	自由が丘	中目黒	代官山	武蔵小杉
	目黒・世田谷区	目黒区	渋谷区	川崎市中原区
田園都市線	二子玉川			
	世田谷区			

第Ⅳ章　投資マンションの選定

小田急線	下北沢			
	世田谷区			
京王井の頭線	吉祥寺	下北沢		
	武蔵野市	世田谷区		
横須賀線	鎌倉			
	鎌倉市			

　沿線は上記のとおり、中央線・山手線・東横線・田園都市線・小田急線・京王井の頭線・横須賀線となり、市区としては、都心中心部から城南と城西の港・品川・目黒・渋谷・世田谷・中野の都区部と武蔵野・国立の都市部、それに湘南の古都鎌倉です。

　ベスト10にランクインした街は、「新宿」「池袋」「横浜」「川崎」「大宮」の高度商業地を除くと、しゃれた店・美味しい店が建ち並ぶ賑わいのある駅前商業地と背後の住宅地が混然とした街です。一方で、都心中心部の麻布・麹町・松濤などや郊外の田園調布・成城学園などの高級住宅地、都心中心部の背後に住宅地を抱える青山・六本木などの高度商業地、江戸情緒とスカイツリー効果の東京下町、臨海部のマンション街などは、ベスト10にはランクインしていません。

地縁的選好性

○中央線と東横線に区切られた地区に住みたい街が集中するように、城南を中心にした地区に地縁的選好性が強く働いています。それは都心中心5区に勤務する人の一番多いのが世田谷区というデータとも一致します。

○住みたい街の総合第1位の吉祥寺やファミリー第9位の武蔵小杉は、東京区部外のエリアであっても、東京都内中心部の5区(千代田・中央・港・新宿・渋谷)のビジネスゾーンに乗り換えを入れて20分以内で連絡できるので、都心部中心部へのアクセスが良好です。

○勤務地である東京都心中心5区の居住者の絶対数の上位シェアは、世田谷を筆頭に江東・杉並・江戸川・練馬です。地価・賃料が高いので次のエリアとして選択されているという面があるものの、このエリアは交通アクセスの改善も

あって、15～45分で東京都心中心5区に連絡しており、職場との適度な距離（注）にあるとも考えられます。むしろ、居住地としてはこのくらいの時間距離があって、そこに同質の階層が形成する住宅地で、生活利便施設や教育環境が整ったエリアのほうが、人気が高いという判断も成り立ちます。

（注）アットホームのトレンド調査（2012年9月）によると、都内に通勤する一人暮らしの20代のOL・サラリーマン600名を対象にしたアンケートでは、「自宅と会社はある程度離れていたい」の質問に、イエスが52.2％で、「時間で何分離れていたい？」の回答では平均が24分（5駅）でした。なお、この問いに対しての回答で最も多かったのは30～39分で9.1％となっています。

C．エリア比較

前章の比準価格の簡便法で採用した「東京カンテイ」作成の『マンション資産価値データブック』（ダイヤモンド社／東京カンテイ中山登志朗＆ダイヤモンド・ザイ編集部）のエリア別中古マンション価格と平均賃料に基づいて、東京圏内のエリア比較をします。

a．ファミリー

沿線駅別の70㎡の築10年のマンション価格と新築70㎡の平均賃料による相関です。

（小田急線・メトロ千代田線・常磐線）

表参道をピークに南西方向の小田急線沿線と北東方向の常磐線沿線のマンションは価格も賃料も逓減していきますが、地域的選好性の強いエリアにある小田急線沿線のほうが下がり方が緩やかになっています。投資効率を示す表面利回り（平均賃料×12カ月／平均価格）は、小田急線沿線よりも常磐線沿線のほうが0.5～1.5％程度高くなります。ただし、6％を超えるのは、都心部千代田線の赤坂と西日暮里です。赤坂・表参道は都心中心部の高度商業地と高級住宅地の一体化するエリアでありながら、賃料が高いのに中古価格が割安です。西日暮里は根津から2駅ですが、山手線とクロスします。しかし、根津と比べると中古価格が20％以上安くなっています。

駅名	中古価格(10年)(円)	平均賃料(円)	表面利回り
新百合ヶ丘	30,230,000	131,000	5.20%
成城学園	46,070,000	185,000	4.82%
下北沢	61,630,000	221,000	4.30%
代々木上原	63,290,000	250,000	4.74%
表参道	75,720,000	290,000	4.60%
赤坂	58,430,000	295,000	6.06%
根津	51,720,000	218,000	5.06%
西日暮里	39,000,000	202,000	6.22%
北千住	34,350,000	169,000	5.90%
亀有	28,030,000	133,000	5.69%
松戸	24,130,000	114,000	5.67%

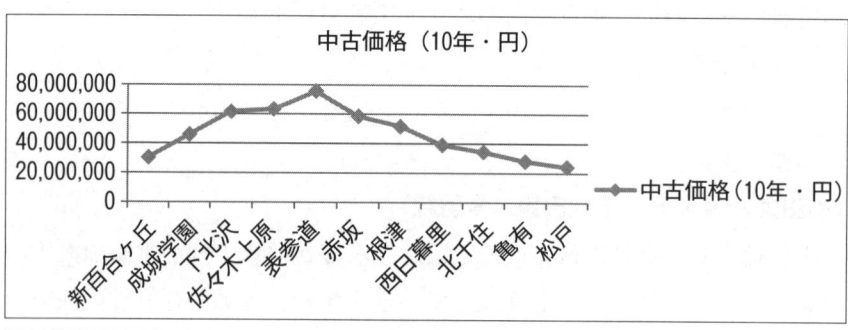

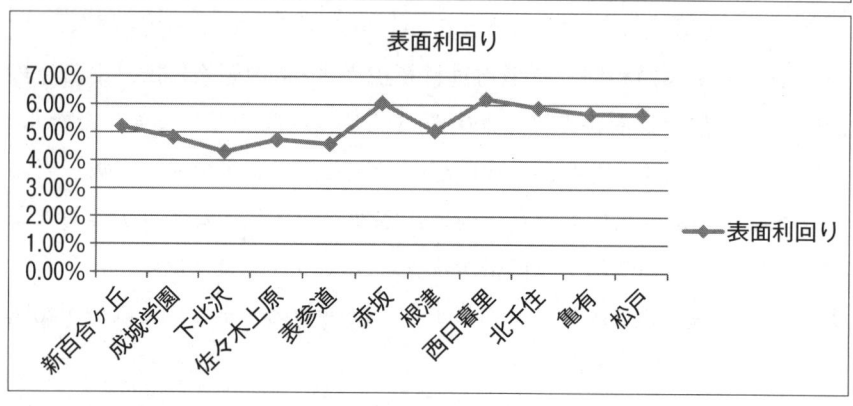

(中央線・メトロ東西線)

　九段下をピークに西と東に価格も賃料も逓減していきますが、地域的選好性の強い西エリアのほうが価格も賃料も緩やかに下がっていきます。ただし、投資効率を示す表面利回り（平均賃料×12カ月/平均価格）にはあまり差がなく、6％を超えるエリアもありません。

駅名	中古価格(10年)(円)	平均賃料(円)	表面利回り
国立	37,530,000	147,000	4.70%
吉祥寺	47,560,000	201,000	5.07%
荻窪	46,420,000	196,000	5.07%
中野	50,580,000	212,000	5.03%
神楽坂	56,830,000	248,000	5.24%
九段下	65,890,000	259,000	4.72%
門前仲町	49,700,000	187,000	4.52%
西葛西	35,710,000	136,000	4.57%
浦安	32,580,000	141,000	5.19%
西船橋	29,090,000	136,000	5.61%

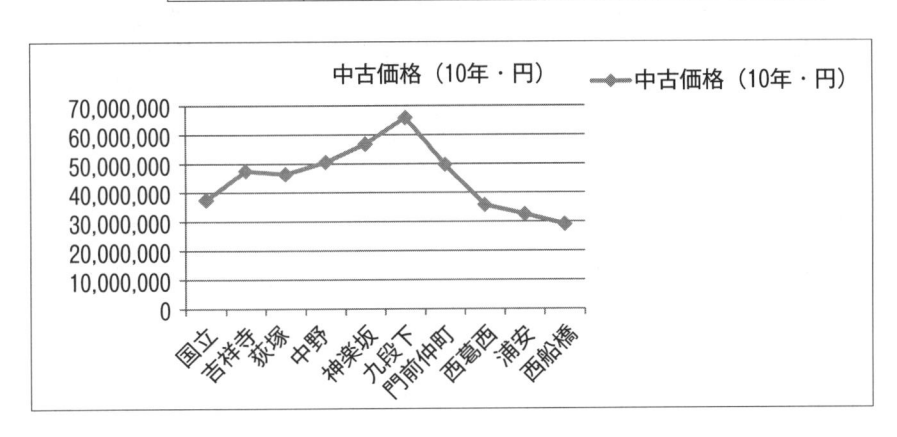

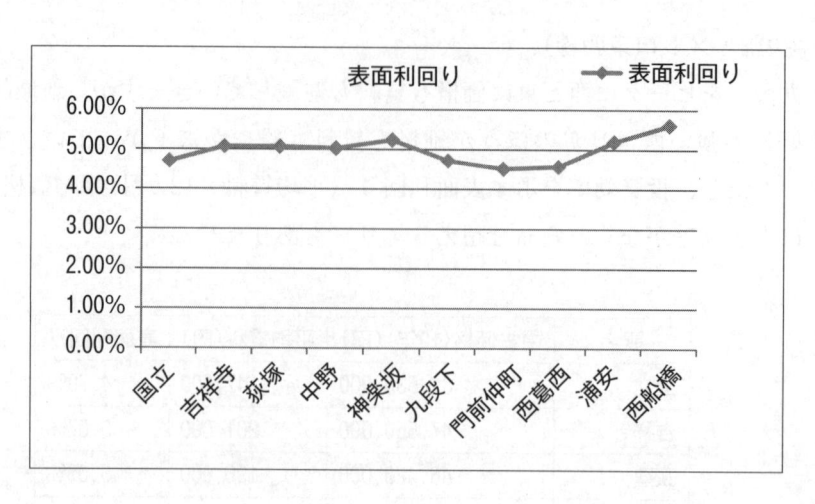

b．ワンルーム

　次表は都内中心のワンルームの中古価格と平均賃料の相関です。沿線駅ごとでのデータは整備されていないので、統一感のない並びになっています。ファミリーに比べると表面利回りは平均で7.3％にアップします。ワンルームの場合には居住目的のファミリーとは異なり投資目的で購入するので、賃料水準が重視されます。

	中古価格 （円）	平均専有面積 （㎡）	平均築年 （年）	平均賃料 （円）	表面利回り
品川	17,100,000	22.1	13.8	87,000	6.1%
田端	12,990,000	22.5	13.7	73,000	6.7%
錦糸町	12,000,000	22.4	19.2	76,000	7.6%
三鷹	8,290,000	19.8	23.7	62,000	9.0%
大森	11,000,000	20.6	21.2	73,000	8.0%
横浜	7,390,000	21.1	24.7	66,000	10.7%
板橋本町	10,750,000	22.8	15.8	69,000	7.7%
白山	12,620,000	20.9	18.7	76,000	7.2%
六本木	14,210,000	21.3	30.9	93,000	7.9%
白金高輪	17,150,000	22.3	16.1	88,000	6.2%
中目黒	17,390,000	23.5	19.9	89,000	6.1%
学芸大学	10,770,000	19.9	27.5	77,000	8.6%
本郷三丁目	16,440,000	22.7	13.7	84,000	6.1%
赤坂見附	11,980,000	19.3	33.7	89,000	8.9%
西新宿	15,280,000	20.9	17.7	79,000	6.2%
東高円寺	11,860,000	21.0	17.8	74,000	7.5%
	207,220,000	343	328	1,255,000	
平均	12,951,250	21.4	20.5	78,438	7.3%

エリア別ワンルーム賃貸の特徴

横浜	○平均築年は20年を超えており、賃料も60,000円台で安いものの、中古価格が安いので表面利回りが高くなっています。 ○現在のこのエリアのワンルームの募集状況を調べると築20年超で55,000〜70,000円、築浅100,000円前後でデータと一致しています。

	○横浜駅エリアは高度商業地ですが、東京駅・渋谷駅方面へのアクセスも良好であり、テナントニーズが広範囲にあるものと推定されますが、募集状況をみると競合物件の数も多くなっています。
赤坂見附	○平均築年は30年を超えていますが、賃料が89,000円と高く中古価格も安いので表面利回りが高くなっています。 ○現在のこのエリアのワンルームの募集状況を調べると築30年超で70,000〜90,000円、築浅125,000〜160,000円で、データとほぼ一致しております。 ○赤坂はビジネス・歓楽・住宅と3つの機能性のある街であり、ワンルーム等のニーズも高いと推定されます。千代田線の赤坂を含めると賃貸募集の数も多くなります。
六本木	○平均築年は30年を超えていますが、賃料が93,000円と高く中古価格も割合安いので表面利回りは都心中心部としては高くなっています。 ○現在のこのエリアのワンルームの募集状況を調べると築30年超で70,000〜110,000円、築浅110,000〜160,000円で、データと一致します。 ○隣接する赤坂と同じように、ビジネス・歓楽・住宅と3つの都市機能のある街であり、ワンルーム等のニーズが広範囲にあるものと思われますが、賃貸募集の数は多くありません。
学芸大学	○平均築年は27年を超えていますが、賃料が77,000円と比較的高く、中古価格も割合安いので表面利回りは高くなっています。同じ沿線の中目黒は人気のあるエリアですが、賃料は学芸大学よりも1万円以上高いものの、中古価格が高いので表面利回りは2.5%も低くなっています。 ○現在のこのエリアのワンルームの募集状況を調べると築25年超で60,000〜95,000円、築浅80,000〜125,000円で、データと一致します。 ○メトロ副都心線・日比谷線等が相互乗り入れする都心中心部等へのアクセスのよさと住宅地として地縁的選好性の高い東横線の沿線駅で、駅前商店街も充実しています。
三鷹	○平均築年は20年を超えており、賃料も60,000円台で安いものの、中古価格が安いので表面利回りが高くなっています。 ○現在のこのエリアのワンルームの募集状況を調べると、築

	20年超で60,000〜90,000円、築浅100,000円前後でデータより少し高いと思われます。 ○住みたい街NO.1の吉祥寺に隣接する住宅地、中央・総武線と中央線特別快速の停車駅で、東京駅30分、新宿駅15分で直結しアクセスは良好です。
大森	○平均築年は20年を超え賃料は73,000円で平均的ですが、中古価格が比較的安いので表面利回りが高くなっています。 ○現在のこのエリアのワンルームの募集状況を調べると、築20年超で60,000〜100,000円、築浅75,000〜100,000円と差がありません。 ○京浜東北線で東京駅20分弱、横浜駅20分弱でアクセスは良好。駅前の商業地域も古くからの商店街と再開発によるオフィスビルが併存し賑わいをみせています。賃貸募集の物件量も多くあり、競争は激しそうです。

　賃貸マンションを選ぶ第一段階としては、予算とのすり合わせをしながら住みたい沿線や勤務先への所要時間で沿線・最寄駅を決めて、検索サイト等のそのエリア内の物件情報を見ながら物件を選択することになります。家族構成・ライフスタイルに合わせて間取り・広さは決まっているので、アクセス（時間距離）と地縁的選好性によってエリア（沿線・最寄駅）を選択していることになります。人間の感覚や尺度は千差万別としても、意思決定のプロセスを数値化するとしたら、このエリア選択の段階で50〜80％は決定されているのかもしれません。その意味では時間、距離以外の要因である地域的選好性のウエイトは大きいと思われます。

　居住用の中古マンションの購入も賃貸とほぼ同じプロセスを踏むものと思いますが、投資で中古マンションを選択する場合には、利回りという極めて合理的な物差しが追加されます。エリアとしての人気はなくても、都心部へのアクセスが同じであれば、価格が安く利回りの高いエリアを選択するのが当然合理的なのですが、投資家は必ずしもそうしません。不動産証券化市場の場合、オフィスエリアであれば丸の内が４％前後で一番低く、他のエリアはそこからアクセス・集積度等により加算さ

れていきます。住宅地であれば港区・千代田区等の高級住宅地のレジデンスで4.5％程度の水準が最下限で、アクセス・品等により加算されていきます。利回り最下限のエリアは最も流動性等のリスクが低いというのが根拠ですが、地縁的選好性と同質の概念かもしれません。

　大手町・丸の内から20分弱で連絡する北千住と代々木上原は賃料こそ違うものの、ファミリータイプの表面利回りで１％以上開きがあります。中古マンションの投資でも同じです。コンサルの立場としては、どちらがいいとは言い切れません。安定的な賃貸収支であれば北千住で、出口の転売等のリスクが低いのは代々木上原になります。投資家の投資スタンスによって選択してもらうことになります。

②　エリア内立地

　入居者（テナント候補）はエリアが決まると候補物件を選択して、沿線駅前の商業地と背後の住宅地で形成されているエリアイメージを確認しながら、駅距離・動線・周囲の環境・建物の概要を把握して内覧する物件をさらに絞ります。

　投資サイドの投資すべきマンションはテナントの目線から見て、エリア内で競合する物件に対して優位性があるかということがポイントになります。最寄駅への距離が最重視されますが、道路の系統連続性・駅前から続く商業地との位置関係・街並み・スーパー・コンビニ等の生活利便施設との位置関係・教育施設との位置関係等による影響も強くでます。

　しかし、実際のテナントは、既述のとおりエリア内立地については「近い」が基準で、建物全体は「新しい」「安心」、専有部分は「きれい」「おしゃれ」という感覚にそって評価し物件を決めているのかもしれません。不動産の価格も賃料も駅距離によって逓減していきます。「近い」は計量化されて絶対的な評価ができるのですが、最終決定では「おしゃれ」に負ける場合もあるのです。

A．最寄駅への所要時間

　入居者にとっては最重視の要因です。不動産情報サイト事業者連絡協議会（RCS）の2012年4月に発表した一般消費者対象「不動産広告に関するアンケート」の「徒歩圏とは、駅から住まいまで何分ぐらいまでを指すと思いますか？」の調査結果では、10分までが38.4％、15分までが31.9％です。5分以内を含むと10分以内が50％を超えます。全体平均12.6分で、購入と賃貸を分けると賃貸は12.3分になっています。確かにという感じがしますが、エリア内で希望の部屋が見つからない場合には、家賃・広さ・環境（立地）以外で、最初にあきらめてもよい条件としては最寄駅からの距離というアンケート結果もあります。

（アットホーム・トレンド調査
「お部屋を探す際の"あきらめ"度合い調査」2012年4月）

条件	比率(％)
最寄駅からの距離	30.3
築年数	20.3
バストイレが別	6.7
2階以上	6.5
エアコン設置	6.3
収納スペース	6.2

　また、次表のデータを見ると駅至近の物件は限られており、しかも郊外に行くにしたがって、駅至近の物件の比率は減少しています。町田市では、バス便の区域にも賃貸物件が相当数あって、実際に検討されています。賃貸物件の選定にあたっては、通勤時間や生活利便性の観点から郊外こそ駅への接近性が優先されるはずですが、物件の絶対量がないのと予算等の関係から区域を拡大していると考えられます。また、物件量の多い区域ほど検索の回数が多くなっていますが、当然その区域間では他の要因と賃料水準との比較によって物件が選択されていることになり

ます。

　中央区のように都心中心部の職住接近エリアではむしろ10分以上の所要時間の区域でも需要は十分にあると思いますが、大半の物件が地下鉄網により10分圏内に立地しているということかもしれません。

(Home's 賃貸経営の駅徒歩所要時間と賃貸物件検索のデータ2012年10月)

エリア	中央区		世田谷区		町田市	
駅徒歩所要時間	検索回数	Home's掲載物件	検索回数	Home's掲載物件	検索回数	Home's掲載物件
1分	12.10%	9.90%	4.50%	3.00%	1.10%	0.90%
～3分	39.30%	45.40%	14.30%	13.30%	4.80%	4.20%
～5分	29.70%	29.20%	21.00%	19.00%	9.70%	8.90%
～7分	13.70%	10.80%	18.10%	18.00%	8.80%	9.10%
～10分	4.90%	4.60%	22.20%	22.60%	20.40%	18.30%
～15分	0.30%	0.10%	14.50%	17.10%	27.00%	26.40%
～20分	0.00%	0.00%	4.30%	5.50%	16.40%	16.00%
～30分	0.00%	0.00%	1.10%	1.40%	8.50%	12.40%
31分以上	0.00%	0.00%	0.10%	0.10%	3.20%	3.80%

　一方で、マンション１室の資産価値は、次表の東京カンテイのデータでは、最寄駅への所要時間に比例して中古になってからの下落率が逓増していくことを示しています。当然賃料も最寄駅への所要時間に比例して逓減していきます。したがって、建物の経年等による減価を考慮すると、単価が上がりますが極力駅至近の物件を購入すべきことになります。ただし、中古物件を購入する場合には、そのぶん価格が下がっており、賃料水準と競合物件の分布の度合いも比較しながら、所要時間による区域を拡大して検討することになります。

(東京カンテイ「マンション資産価値データブック2012」)
リセールバリュー（注）

所要時間		リセールバリュー（%）
徒歩	3分以内	95.7
	6分以内	91.7
	10分以内	90.9
	15分以内	88.3
	20分以内	86.4
	21分以上	83.4
バス	10分以内	80.5
	11分以上	77.6

（注）首都圏2001年分譲物件の2011年における中古流通価格と分譲価格との相関

B．利便施設と環境

　住みたい街のランクインはしゃれた店・美味しい店が建ち並ぶ賑わいのある駅前商業地と背後の住宅地が混然とした街ですが、賃貸物件の選定に際しては次表のとおり、生活利便施設として欲しいものはスーパー・コンビニであり、商店街への期待度は薬局よりも低くなっています。エリアとしての環境的な要因では、治安の良さがトップで、次いで街並みになっています。治安の良さは犯罪の発生率等による計量データもありますが、商業地の規模と性格、建物の集積度、道路の系統・連続性等が一体となった感覚的なものであり、街並みも道路の幅員や系統・連続性、住宅地としての品等と敷地規模、街路樹等による視覚的なものが強くなります。また、自然の多さは通常は公園等の規模により実現されますが、賃貸の場合には二人暮らしでやや高いだけで、総じて期待要因としては低くなっています。

　賃貸住宅は、ワンルーム・コンパクト・ファミリーと考えられます

が、男性社会人・女性社会人の場合にはワンルームとコンパクトとに分かれるものと思われます。単身者で比較すると、男性よりも女性のほうが要因に対して感応度が高くなっています。

リクルート2012賃貸契約者に見る部屋探しの実態調査 （単位%）

	全体	学生	男性社会人	女性社会人	二人暮らし	ファミリー
スーパー	77	81	62	81	82	69
治安の良さ	53	56	26	63	62	54
コンビニ	51	58	52	56	50	36
街並み	33	29	24	32	40	36
薬局	24	15	17	38	23	26
銀行	19	17	10	31	17	13
商店街	17	8	7	24	19	21
病院	15	10	3	8	19	33
自然の多さ	11	6	2	8	19	13
学校	8	6	2	0	8	39

C．エリア内立地（結論）

○最寄駅までの所要時間については、アンケートによれば徒歩圏は10分までで50％を超えますが、いざ物件を選ぶ段階で所要時間内に気に入った物件がないと、駅距離を拡大して物件を選択するという行動がみられます。10分を超える場合も建物の快適性等が確保されていれば競争力は数字ほどには落ちないと考えられます。また、都心部では多少時間がかかっても賃貸ニーズは旺盛で、郊外では駅至近エリアしかニーズがないと判断しがちですが、データ上は郊外のほうが最寄駅までの所要時間による制約は緩くなっています。この傾向は郊外の主要都市では、エリア内を勤務先とする就業者が増えることや、車での通勤ということも多くなるからと推測されます。

○生活利便施設としては、総じてスーパー・コンビニ・薬局（ドラッグストア）の順番で、ファミリーだけはスーパー・学校・コンビニとなっています。また、共働きであれば保育園が上位に入ってくることも考えられます。

○環境面では治安の良さがトップで、女性社会人（女性単身者）と二人暮らしの比率が高く、男性社会人（男性単身者）では比率は極端に下がります。2番目の街並みは、比較的ばらつきはないものの、二人暮らしとファミリーがやや高

くなっています。

○エリア内立地は駅まで徒歩何分という駅距離が最優先で、そこにコンビニ・スーパーへの接近性、街並み・道路状況・自然環境といったその他の要因を加減しながら候補を絞り込みます。地図情報で大半が把握できますが、現地調査をしないと道路の幅員や系統・連続性、街並み、商店街の賑わいといったものはキャッチできません。人通りの多い道路の徒歩7分と人気のない道路の5分では評価が逆転します。選択していく過程には合理性があるにしても、個人差があります。投資する側は駅距離最重視ですが、加減の要因を把握して投資判断するということになります。

③ 建物内覧

次表では居住者の賃貸物件選定の基準が賃料を筆頭に順位付けされていますが、賃料（価格）は物件選定の大前提であり経済的な制約です。賃料が安いから選定するのではなく、その他の要因（効用）に対して妥当もしくは割安と判断して選ぶことになります。

既述のとおり、実際は確保したい建物の間取り及び広さ、職場等への通勤時間（交通アクセスのよさ）、自分の希望する沿線と最寄駅等（地縁的選好性）と賃料水準との見合いのなかで、エリアを選定し、そのエリアの中で選択した複数の物件について、最寄駅までの距離（交通アクセスのよさ）、利便性（買い物・駐車場）といったものを比較検討し、最後にマンションを内覧することになります。マンションについては、敷地、建物の外観、そして共用部分のスペースと設備、賃貸する専有部分の間取り・広さ・設備及び採光・日照・眺望等を実際に見て、快適性が確保できるのかを想像しながら確認します。清掃・ゴミ出し・駐車場・管理会社・管理体制等をチェックし、築年による劣化・設備の陳腐化等を併せて確認します。建物内覧によってテナントは最終判断をします。

(「アットホームデータ・住まいを選ぶ上での条件」調査期間2008年8月‐2009年7月)

経済的要因	確定プロセス	
予算・間取り	エリア立地(アクセス・地縁的選好性)	エリア確定
	エリア内立地(駅距離・利便性・環境)	候補物件選択
	建物内覧(快適性・機能性・安全性)	最終判断

[賃貸] (N=314)

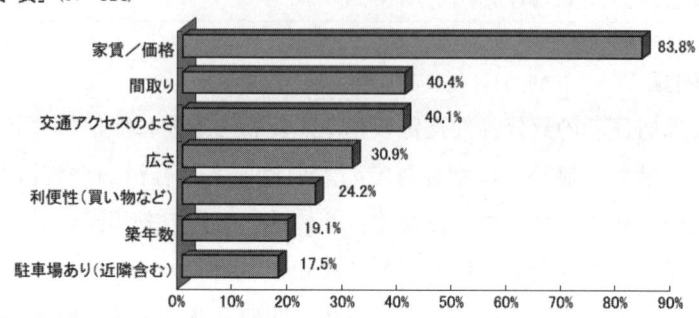

- 家賃/価格 83.8%
- 間取り 40.4%
- 交通アクセスのよさ 40.1%
- 広さ 30.9%
- 利便性(買い物など) 24.2%
- 築年数 19.1%
- 駐車場あり(近隣含む) 17.5%

A. 敷地と建物外観

　敷地と建物外観は第一印象であり、グレードをイメージします。

敷地	グレード	接面道路・間口・街並みとの調和
		敷地規模・形状・オープンスペース
		植栽・エントランスへのアプローチ
建物外観	グレード経年	階層・デザイン・街並みとの調和
		外壁の材質及び色彩・汚れ・劣化

B．建物共用部分

　ハードとしての共用スペースと共用設備、ソフトとしての管理を確認します。

躯体・構造	安全性・防災	耐震構造・防火
共用スペース	デザイン・広さ・劣化・汚れ	エントランス
		管理人室
		廊下・階段
		エレベータホール
		集会室
		駐車場・駐輪場
設備	機能・サービス・セキュリティ	エレベータ
		照明
		オートロック
		宅配ボックス
		施錠
		ゴミ処理
管理	安全性・快適性	管理体制（常勤・日勤・巡回）

C．専有部分

　生活する内部空間であり、広さ・機能・劣化・破損・汚れ等の細部にわたる確認をします。中古マンションの場合には、新築・築浅と建物共用部分について差がなければ、専有部分のリニューアルによりテナントの確保・賃料の維持は容易になります。ただし、前章で解説したとおり、イニシャルコストになるので費用対効果の分析が必要です。デザイナーズマンションというステップアップもありますが、ターゲットなるテナントの意向が鍵なので、検討が必要です。

あとがき

　マンション投資は、ワンルームも含めて新築では分譲価格にデベロッパーの経費等がオンされていることもあって利回りが低すぎるので、中古でなければ難しいと思われます。一方で、法定耐用年数47年でマンションの寿命を規定するのは経済合理性に反します。耐震の問題をクリアーしていれば、65年程度は使用可能だからです。中古マンションへの投資は、この二律背反に悩まされることになります。

　流通している中古マンションは、経年減価を大きく見るという取引慣行のせいでしょうか、築30年を超えたあたりで収益性が高くなってきます。ただし、陳腐化して劣化の見られるマンションはテナントから敬遠されるということもあって、経年による賃料のダウンは避けられません。建物共用部分のリニューアルは将来の大規模修繕に依存するしかありませんが、専有部分のリニューアルはテナント入替期であれば可能です。入居してくれるテナントの快適性と安全性のために、積極的にリニューアルをすることで、賃料水準を維持をすることが戦略になります。

　建替えが本格化するのはこれからですが、建替えの合意形成のハードルは高いので、長い時間が必要です。寿命65年では足りないかもしれません。また、合意形成のハードルを低くするのは管理組合のリーダーシップですが、マンションの老朽化と併せて、住民の高齢化により管理組合の役員のなり手不足という問題も発生しています。ワンルームの場合は、賃貸継続中のマンションを個人投資家の権利者間で合意形成できるのか、よりハードルは高そうです。いずれにしてもデベロッパーが建

替えをビジネスにできるような立地と敷地規模に魅力があれば、同潤会アパートのようにあとは時間です。必要に応じて法的な規制や助成も出てくると思います。

　バブル前の不動産投資は簡単でした。右肩上がりの地価は今年よりも来年のほうが高く、建物を建てて賃貸するよりも更地のほうが高く売れました。元本である土地が賃料も利回りも関係なく上がるので、賃料が後から上がるというシナリオにしてIRRを出すような時代でした。今は、有効利用のできない土地は更地のまま放置され、固定資産税分マイナスの評価すら出てきます。

　景気や投資マインドの変化で、大都市の収益不動産はこれからも短期的には上昇し下落するというサイクルをたどっていきます。短期転売でキャピタルゲインを得る不動産ファンドもありますが、個人投資家は長期保有が原則です。まずは安定的な賃貸収入により借入金を返済していくことです。出口も考えなければなりませんが、都心の立地のいい中古マンションであれば、取壊しまで視野に入れることも必要になります。経済が大きく変わって、東京に情報とお金が集中する構造になれば、都心の不動産の賃料は底上げされるので長い成長が始まるかもしれません。マンション投資も投資に際しての適切な評価が基本です。購入後もテナント確保、賃料維持、金利の動向、出口戦略等の評価が絶えず必要になります。本書で提示した評価方法等の内容が、少しでもお役に立つことができたらと思います。

　なお、2013年秋、不動産の購入（投資）をご検討されているお客様の

ために、不動産コンサルティングのサイト「コア・ナビ」をスタートさせます。お客様の立場で、不動産鑑定士が、物件の選定と購入の判断に必要な立地分析・建物調査・価格調査・投資分析等のコンサルティングをいたしますので、どうぞお問い合わせください。

〒103-0027　東京都中央区日本橋3丁目5番14号

株式会社中央不動産鑑定所	不動産鑑定評価 不動産コンサルティング 仲介	Tel　03-3281-6262
中鑑コンサルタンツ株式会社	測量・登記 仲介	Tel　03-3281-3661
コア・レーティング株式会社	不動産投資顧問 「コア・ナビ」管理	Tel　03-3281-7711

「コア・ナビ」http://www.core-navi.net/

■著者紹介

安澤　誠一郎

職歴等
　　株式会社中央不動産鑑定所代表取締役社長
　　コア・レーティング株式会社代表取締役
　　不動産鑑定士・不動産証券化協会認定マスター・不動産カウンセラー
　　公益社団法人日本不動産鑑定士連合協会代議員
　　昭和49年　早稲田大学法学部卒

レポート・記事
　　住宅新報社『よく分かる不動産証券化とビジネス活用〈第96回〉』
　　不動産証券化ジャーナル『バーチャル不動産による価格変動分析とインデックス』
　　週刊　ダイヤモンド『大震災後の都市再開発は「借地権」応用の新方式で』
　　住宅新報社　不動産鑑定1993年9月号「借地方式における地代理論の展開」

以上

究極の中古マンション投資の教科書

平成25年9月11日　初版発行

著　　者　安澤誠一郎
発 行 者　中野孝仁
発 行 所　㈱住宅新報社

出版・企画グループ　〒105-0001 東京都港区虎ノ門3-11-15(SVAX TTビル)
　　（本　　社）　　　　　　　　　　　　　　　電話（03）6403-7806
販売促進グループ　〒105-0001 東京都港区虎ノ門3-11-15(SVAX TTビル)
　　　　　　　　　　　　　　　　　　　　　電話（03）6403-7805
大 阪 支 社　〒541-0046 大阪市中央区平野町1-8-13(平野町八千代ビル)電話（06）6202-8541㈹

印刷・製本／亜細亜印刷㈱　　　　　　　　　　　　　　Printed in Japan
落丁本・乱丁本はお取り替えいたします。　　　　ISBN978-4-7892-3611-9　C2030